【中国人格

国家新闻出版

培育和践行社会主义核心价值观主题出版重点出版物

彭玉麟传

高占祥 主编

李 丽 著

北京时代华文书局

图书在版编目（CIP）数据

彭玉麟传 / 李丽著. -- 北京：北京时代华文书局，2015.8（2022.3 重印）
（中国人格读库 / 高占祥主编）
ISBN 978-7-5699-0485-7

Ⅰ. ①彭… Ⅱ. ①李… Ⅲ. ①彭玉麟（1816～1890）—传记 Ⅳ. ① K827=5

中国版本图书馆 CIP 数据核字（2015）第 203181 号

彭玉麟传
PENG YULIN ZHUAN

主　　编｜高占祥
著　　者｜李　丽

出 版 人｜陈　涛
责任编辑｜邢　楠
装帧设计｜程　慧　赵芝英
责任印制｜訾　敬

出版发行｜北京时代华文书局 http://www.bjsdsj.com.cn
　　　　　北京市东城区安定门外大街 138 号皇城国际大厦 A 座 8 楼
　　　　　邮编：100011　电话：010-64267955　64267677
印　　刷｜三河市嵩川印刷有限公司　0316-3650395
　　　　　（如发现印装质量问题，请与印刷厂联系调换）
开　　本｜787mm×1092mm　1/16　印　张｜9.5　字　数｜90 千字
版　　次｜2016 年 1 月第 1 版　　印　次｜2022 年 3 月第 3 次印刷
书　　号｜ISBN 978-7-5699-0485-7
定　　价｜38.00 元

社会主义核心价值观与中国人格

周殿富

社会主义制度在中国已经建立了六十余年，而我们党则在本世纪初叶提出了培育弘扬社会主义核心价值观的重大课题，显然是其来有自。

社会主义的道德风尚在新中国蔚然兴起，曾经那样地风靡于二十世纪中叶。邓小平同志曾经在改革开放中讲过，当年"这种风气不仅是中国历史上从来没有过的，而且受到了世界人民的赞誉"。然而可惜的是，这个在社会主义制度建立与实践中，同步兴起的社会主义道德风尚的成长道路，却是一波四折。半个多世纪以来，它先是与共和国一道遭受了十年"文革"的浩劫；接着便是全党工作重心转移到改革开放进程中，欧风美雨"里出外进"的浸洗濡染；再接着是西方"和平演变"在东欧得手的强烈震荡与冲击；最后又是市场经济中那两只"看不见的手"在搅动着、嬗变着人们的价值取向。至少在国民中出现了价值观上的多层次化，传统美德的弱化，社会道德文明水准的退化，光荣革命传统的淡化，这也许正是中央在本世纪初提出社会主义核心价值观的原因吧。

不管怎么"变"，怎么"化"，当我们回首来时路，却不能不说，中华民族真的很强大，很值得骄傲。人类经历了几千年的文明进程，堪称世界文化之源的"五大文明古国"，其他四大古国文明都已被历史淘汰灭亡，只有中国成了唯一的延续存在。近现代即使那般的积贫积弱，被西方列强豆剖瓜分、弱肉强食，想亡我中华都不可能，就连最强大的美帝国主义，最凶残的日本军国主义都成为我们的手下败将，而且打出了一个新中国，且跨过整整一个历史阶段，直接进入了社会主义。西方敌对势力几十年不遗余力地对新中国百般围剿，"冷战""热战""和平演变"手段用尽，连如此强大的前苏联乃至整个苏东阵营都被瓦解了，而社会主义的旗帜仍旧在960万平方公里的土地上高高飘扬，而且昂首挺胸地屹立在世界的东方，中国真的是太强大了。几十年来的瞩目成就，竟然令西方发出了"中国威胁论"。你管他别有用心也好，言过其实也好，总比让别人说我们是"瓷器"，是"东亚病夫"好吧？1840~1949年的一百零九年间，中国尽受别人的欺负、"威胁"了，我们也能让那些昔日列强有点"威胁感"，又有什么不好？更何况这是他们自己说的啊！我们并没吹嘘，也没有去做。几千年来我们侵略过谁呢？"反战""非攻""兼相爱，交相利"，中国古有墨子，近有周恩来、邓小平同志。这也是中华民族固有传统美德的延续吧！

生于忧患，死于安乐，这也当是中华民族的一个传统美德吧？几十年来尽管中国如此繁荣兴旺，但从邓小平生前一直到党的"十八大"以来，无论哪一届中央领导集体，从来都没有忘记过国之忧患。忧在何处，患在何处呢？

二十世纪八十年代末，邓小平同志曾经在半年的时间内四次提到：中国改革开放十年最大的失误在教育，在"对青年的政治思想教育抓得不够""对人民的教育不够"，足见他的痛心疾首。他晚年时又提到了"国格"与"人格"的问题，讲道："谈到人格，但不要忘记还有一个国格。特别是像我们这样第三世界的发展中国家，没有民族自尊心，不珍惜自己民族的独立，国家是立不起来的。"

（精装版《邓小平文选》第3卷331页。）

人们很少注意到邓小平的这一段话，但邓小平恰恰是在这里把"国格""人格"提升到了事关"立国"的高度。

那么，什么是我们社会主义的"国格"呢？邓小平讲得很明白："民族自尊心""民族的独立"。

新中国一路走来，我们最大的尊严便是完全靠"自力"，靠"艰苦奋斗"，而达"更生"之境。对西方敌对势力的"冷战""热战""和平演变"，我们何曾有过屈服？也正是在这一前提下，我们才有真正的"民族独立"。这就是我们的国格。那么什么是我们中国人的人格呢？邓小平同志在这里没有讲，但他在1978年4月22日召开的全国教育工作会议上的讲话中，在讲到我们的教育培养目标时，至少提到与社会主义人格相关的各个方面：革命的理想，共产主义的品德，勤奋学习，严守纪律，艰苦奋斗，努力上进，爱祖国，爱人民，爱劳动，爱科学，爱护公共财产，助人为乐，英勇对敌，集体主义精神，专心致志地为人民工作，等等。这里的哪一条不属于社会主义人格的范畴呢？

2006年党的十六届三中全会，第一次提出了"建设社会主义核心价值体系"的历史性命题和战略任务。2007

年，胡锦涛同志在"6·25"讲话中又具体提出这个"体系"包括四个方面的内容：①马克思主义的指导思想；②中国特色社会主义共同理想；③以爱国主义为核心的民族精神和以改革创新为核心的时代精神；④社会主义荣辱观。这四个方面，一是信仰，二是理想，三是精神，四是道德文明，哪一个不在社会主义人格的范畴之内呢？党的十七届六中全会又提到了社会主义核心价值体系是"兴国之魂"。

2012年11月，在党的"十八大"上又用"三个倡导"把社会主义核心价值观概括为十二项：①倡导富强、民主、文明、和谐；②倡导自由、平等、公正、法制；③倡导爱国、敬业、诚信、友善。而且中办文件又把这"三个倡导"分为三个层面：第一个"倡导"的四项，是国家层面的价值目标；第二个"倡导"的四项，是社会层面的价值取向；第三个"倡导"的四项，是公民个人层面的价值准则。实际上前两个"倡导"的八项都是属于"国格"范畴，而第三个"倡导"是属于"人格"范畴。

那么，我们怎样才能在前面讲到的那些历史嬗变中培育建构起这个"核心价值观"呢？中共中央政治局的第十三次集体学习，似乎很明确地回答了这个问题。

新华社北京2014年2月25日电讯称：中央政治局在2月24日，以弘扬社会主义核心价值观，弘扬中华传统美德为内容，进行了集体学习，习近平总书记在主持学习时强调：

培育和弘扬社会主义核心价值观必须立足中华优秀传统文化。牢固的核心价值观，都有其固有的根本。抛弃传统、丢掉根本，就等于割断了自己的精神命脉。博大精深的中国优秀传统文化是我们在世界文化激荡中落稳脚跟的根基。中华文化源远流长，积淀着中华民族最深层的精神追求，代表着中华民族独特的精神标识，为中华民族生生不息、发展壮大提供了丰厚滋养。中华传统美德是中华文化精髓，蕴含着丰富的思想道德资源。不忘本来才能开辟未来，善于继承才能更好创新。对历史文化特别是先人传承下来的价值理念和道德规范，要坚持古为今用、推陈出新，有鉴别地加以对待，有扬弃地予以继承，努力用中华民族创造的一切精神财富来以文化人，以文育人。

习近平总书记的这段论述相当精辟，对于如何培育建构社会主义核心价值观问题从四个方面剖切明白。

第一，他明确指出要在中华优秀传统文化的基础上，来构造我们的社会主义核心价值观，而不能割断历史。这一条十分重要，否则我们便会失去我们的本来面目，便会成为无源之水，也就无法走向未来。

第二，指出了中华传统美德是中华文化精髓，蕴含着丰富的思想道德资源。这就为我们揭示了社会主义核心价值观，要以弘扬优秀的中华传统美德为基础。

第三，他指出，对传统文化在扬弃中继承，在继承中创新。这就是说，社会主义核心价值观的内涵，既要有优良传统的文化精神，也要有时代精神，是二者的有机结合。

第四，他指出要用中华民族创造的一切精神财富，来化人育人。这就是说，弘扬中华民族文化，并不只是传承儒学那些道统，而是要弘扬全民族共创的优秀传统文化。同时也就是说，培育、弘扬社会主义核心价值观的根本目的是化民、育人。

尤其值得瞩目的是，习近平总书记在这次讲话中提到了一个"中华民族独特的精神标识"问题，而在同年的全国组织部长会议上又提出我们再也不能以GDP论英雄的思想。让人欣慰的是，思想道德文化建设终于被提升到一个民族的标识地位，这至少表明中国人的思想观念，并不落伍于世界潮流。

并不受人欢迎的亨廷顿生前给他的祖国提出的警示忠告，竟是如何弘扬他们没有多少历史和文化的"传统文化"："盎格鲁新教精神——美国梦"，以此为国家的"文化核心"问题。他讲道："在一个世界各国人民都以文化来界定自己的时代，一个没有文化核心而仅仅以政治信条来界定自己的社会，哪有立足之地？"所以，他提醒他无限忠于的祖国，一定要巩固发扬他们自入居北美以来，在新教精神基础上形成的"美国梦"理念的"文化核心"地位，这样才能消解这个国家的民族与文化双重多元化的危机。为此，他甚至预言美国弄不好会在本世纪中叶发生分裂。而且他公开预言不列颠大英帝国也会因民族与文化多元化的问题，导致在本世纪上半期发生分裂。

西方的一些专家学者们也十分强调国家民族文化的地位问题，柏克说："全世界的人根据文化上的界限来区分自己。"丹尼尔同样说："保守地说，真理的中心在于，对一个社会的成功起决定作用的是文化，而不是政治。开明地说，真理的中心在于，政治可以改变文化，使文化免于沉沦。"这些语言也可能有它们的局限性与某种非唯物性，但至少可以让我们看到那些发达的资本主义国家在想什么，至少与马克思主义经典作家们，关于意识形态并不总是消极被动地接受它的经济基础的论断并不相悖。

中国显然具有世界上最悠久的民族文化，同时显然也拥有世界上最强大的政治优势。新中国包括它直接进入社会主义的经济形态，以及其后的一次次经济变革，哪一次不是靠政治力量在强力推动呢？它当然同样拥有让我们几千年的民族文化"免于沉沦"的能力。有学人认为我们的民族文化早就被以往一次次的历史性灾难割裂了，这个看法显然都是毫无道理的。但我们当下却确实面临着"两个传统"失传失统的危险。中国的传统文化与优秀的民族美德，在当代国民中还有多少传承？老一代中国共产党人用生命与鲜血铸就的光荣革命传统，在党内还有多少"光大"？我们现在全民族的"核心文化"到底在何处？"社会主义核心价值观"的提出不仅符合世界潮流，也是使我们优秀的民族文化得以传承而不发生历史断裂的根本保证。富和强永远都不是一个民族的标志，哪个国家不可以富，不可以强？但能代表中国"这一个"本来面目，具有自己民族特色的，唯有中华民族的文化，能代表中国人形象的只有中国独具的道德人格。什么是人格？人格就是原始戏剧中不同角色的本来面目。

综上所述，我们是不是可以这样认为，社会主义核心价值观应内含如下的成分：中华民族传统文化中的优秀传统美德；中国人民近现代反帝反侵略反封建的爱国主义、斗争精神与中国共产党领导下形成的几十年光荣革命传统；中国化了的马克思主义有中国特色社会主义的共同理想；与"中国梦"远大目标相适应的时代精神。由这些内涵构成的社会主义核心价值观，用它来干什么呢？用习近平总书记的话来说就是"化人""育人"，把它再具体化一下，无非是打造能体现中华民族特色，代表中国形象的国格、人格。在思想道德层面上，一个国家的民族精神也只有在人的身上才能体现，所以我们依据社会主义核心价值观的基本要求，针对当代青少年的实际情况，策划了《中国人格读库》这样一套大型系列选题。

本套书承蒙全国少工委、中华文化促进会、团中央中国青年网三家共同主办推广，并积极提供书稿。难得高占祥老前辈热情出任该套书的编委主任，且高占祥同志不辞屈就加盟主创作者队伍。一些大学、中学教师与青年作者也积极加盟此套书的编写。该选题被国家新闻广电出版总局列为2014年全国社会主义核心价值观重点选题，在此一并鸣谢。

希望本套书的出版能为社会主义核心价值观的培育与弘扬，为促进青少年的道德人格养成起到积极的作用。欢迎广大读者与作家对不足之处批评教正，多提宝贵建议与指导意见。

谨以此代出版前言并序。

二〇一四年十月

于北京时代华文书局

引言

收吴楚六千里肃清江路之功，水师创立书生手；

开国家三百年驰骋名扬之局，亮节能邀圣主知。

——郭嵩焘挽彭玉麟

"生当作人杰，死亦为鬼雄"，他是曾国藩口中"杀人手段活人心"的忠勇之才；他是张之洞口中"加官不拜，久骑湖上之驴；奉诏即行，誓翦海中之鳄"的肝胆之士；他更是著名学者俞樾口中"咸丰、同治以来诸勋臣中始终餍服人心，无贤不肖交口称之，而无毫发遗憾者"的唯一一人。他的一生如同木心先生感慨的生活最好状态——"冷冷清清的风风火火"。

他少年成才，摸爬滚打多年终受人赏识，虽因父亲早逝家道中落，却心怀抱负、肩负起养家之重任；他名起新宁匪乱，足智多谋克匪保城，却不居功自傲，忧养家之重担，不愿叙功授官；他投笔从戎，受人之邀，加入湘军，将生死置之度外，

彭玉麟画像

足智多谋、凶悍勇猛数次立功却不求功名；他一生致力于水师建设，卖盐求饷，平定匪乱之后，多次辞官回籍，朝廷不允之后，又数年巡阅长江，却难顾年迈，临危受命抵御外敌，兢兢业业，直至生命终结。

他多才多艺，诗书画俱佳。"一生知己是梅花，魂梦相依萼绿华。别有闲情逸韵在，水窗烟月影横斜。"这样的明志佳句不计其数。为纪念与他相恋早逝的梅姑，坚持画梅四十余年，一生共画十万余幅梅花。他的墨梅也与郑板桥墨竹一起被誉为清代画坛两绝。他痴情重义，终生不悔。他爱梅如命，个人秉性也如梅花一般高洁耿直。

他一生廉洁奉公，为保家卫国建水师，从不中饱私囊，连水师的军饷都是自己卖盐而来，赚来的钱也一同帮助其他省的军队建设和县上的办学。他刚正不阿、无私无畏，一旦有本参奏，清廷总是派他详勘事实，据实具奏，他也从不陷害或包庇他人，总是据事实查清奏明。他嫉恶如仇，早年因父亲去世尝遍世间冷暖，不愿世人同他般被欺辱，所以管理水师时雷厉风行，严格约束部下的行为，不仅如此，连重臣妻兄之胡作非为也毫不犹豫地参劾。百姓有冤屈总是盼望他能够听闻并主持公道。他高瞻远瞩，不似"肉食者鄙"，位居高位却不贪图权贵。他甘为苦役，每年兢兢业业地巡阅长江，并不安于享乐总是能够有所思虑，为国家的安危和建设提出有意义的建议。

他这一生以自己早逝的父亲为榜样，为人刚介耿直，为官清廉，兢兢业业，以百姓社稷为己任，不顾自身安危和家人供养，终年栖身前线，为国家社稷立下犬马功劳，却从不贪功。他自知"亲服未终"不敢贪位不归，自视年老力薄不敢效力于国家，却屡遭驳回，为国为民直至生命走到终点。

他是彭玉麟（1816—1890），字雪琴，清朝著名政治家、军事家、书画家。他是湘军水师创建者，中国近代海军奠基人，人称雪帅。他与曾国藩、左宗棠并称"大清三杰"，与曾国藩、左宗棠、胡林翼并称大清"中兴四大名臣"。

目录

第一章 年少更事

文明碰撞

彭玉麟出生在嘉庆二十一年（1816年），这是一个不同寻常的时代，封建制度仍像一座屹立于华夏大地的雕塑，经千年不倒，只是再也见不到如同康乾盛世一般的强盛繁华，再也感受不到如同开元盛世那般的文明开化。"朱门酒肉臭，路有冻死骨"的景象可见，"商女不知亡国恨，隔江犹唱后庭花"这样的景象也可见。所谓"乱世出枭雄"，也正是这个时代创造出一大批为世人惊叹的英才，彭玉麟就是其中不可或缺的一位。

17世纪40年代，有两件大事在世界的东方和西方几乎同时发生。在东方，满洲八旗铁骑闯入山海关，中国最后一个封建王朝——清建立起来了。在西方，英王与议会矛盾升级激化，内战爆发，资产阶级革命相继展开，宣告着世界资产阶级革命时代的到来。

这绝不是一个巧合，而是关系到世界文明进程的重大事件。清王朝的建立，似是继续行走在封建专制制度的道路上，可让人遗憾的是，这条道路已经走过了旅程的巅峰地段，道路尽头是无尽的黑暗和绝望，那座属于封建制度的雕塑已经经过了岁月的洗礼变得残破不堪。虽然清王朝也开创过"康乾盛世"这样的巅峰，但那只是最后的丰盛晚餐，封建王朝最终会走向灭亡。但是反观西方各国，蒸汽机的轰鸣响彻那片大陆，资产阶级人民唱响了自由民主之歌。随着资本主义一步步的发展，西方各国实力迅速增强，它们不再满足受限的资源，纷纷对外扩张以满足自身的需要。从制度上就可以看出，一方是日益衰微的封建君主制度，一方是日益蓬勃的资本主义民主制度，农业文明和工业文明的较量，未战结果便已分晓。

清政府像是庇护在封建制度雕塑下的一棵树苗，从挡风遮雨的庇护下成长，却还是因为缺少阳光的照射而身体孱弱。成长期的清政府有康熙皇帝设立南书房，雍正帝设置军机处，军政大权完全集中在皇帝手中。在这一时期，清朝的君主专制加强，中央集权也进一步巩固。彭玉麟生活的那个年代便是孱弱时期，封建王朝已经逐渐有了衰败的趋势。贪官污吏横行霸道，朝野上下乌烟瘴气，税务苛繁，民不聊生，可是统治者府还自诩悠悠中华幅员辽阔、地大物博，不需与外国通商、理应闭关自守，真是可悲至极。实际上，清政府陷入了内忧外患的地步。对内面临着官不为民、民难自存、农民起义不断的局面，对外则是资本主义列强虎视眈眈的形势。清政府的局面就是农业文明即将走向灭亡的真实写照。

东西方文明的碰撞与冲突，越来越成为世界潮流的趋势。工业文明和农业文明的较量也在清朝统治下日益展开。重农抑商、闭关锁国政策，都预示着农业文明在这场文明的竞争中失去了优势，新的时代将是由更具备竞争力的文明创造和开启的。

那一代无数的年轻人都见证着这两种文明竞争的过程和结果，亲身体会着两种文明碰撞产生的冲击力。他们或许麻木不仁、袖手旁观，他们或许积极斗争、热血挥洒。但这只是历史发展的必然趋势，"天下分久必合，合久必分"，旧的即将被新的取代，不管是农业文明，还是工业文明，也只是文明路上的一段路程，宇宙万物都不是永恒不变的。文明的碰撞和冲突，只是为了形成一个全新的世界。

彭玉麟实际上是见证了清王朝由盛转衰的人物，他历经嘉庆、道光、咸丰、同治、光绪五朝的兴衰荣辱，两次鸦片战争、太平天国运动的战火洗礼。在危急时刻，他挺身而出想要用自己的微薄之力帮助自己的国家解决内忧和外患。谈及彭玉麟的身份，他是清政府的股肱重臣，他自三十三岁新宁匪乱名起之后，就一直为清政府出了太多的力：镇压包括太平天国的一系列农民起义；和曾国藩一起建立起湘军水师；多年巡阅水师；不惑之年仍抵御外国侵略者的侵略。

他出身官宦人家，却少年家道中落、尝遍人间冷暖，他为官数年却洁身自好，出淤泥而不染，为人正直，从不贪污枉法、徇私舞弊，百姓多信其公正无私，清名为世人所传。

彭玉麟的一生是不能用简单的功过成败来计量的。站在不同的社会角度，看到的风景确实会有所不同。或许，历史会替我们计量这一切，或许，读过这本书你也会有自己的见解和收获。

家道中落

彭玉麟出生在安徽省安庆府怀宁县三桥镇的一个官宦家庭。

官宦家庭，无非是皇亲国戚、世代受荫的名门贵族，或是在朝为官的书香世家，或是征战沙场的将军世家。彭玉麟的家庭属于在朝为官的书香世家。其实，这种书香世家是最可能培养出真正英才的家庭。不像皇亲国戚和名门贵族一样自恃出身高贵而疏于管教和学习，也不像将军世家因为为武将而看不起咬文嚼字的学问。这样看来，彭玉麟因为受家庭中文学气息的耳濡目染，在家庭环境上已经拥有得天独厚的条件了。

作为官宦子弟的他，家庭本就给他提供了很好的少年教育，比起其他出身贫苦人家的孩子，他的孩提时代的确是幸福美满。这与他的父亲有着极大的关系。

彭玉麟的父亲彭鸣九，年少时游学江南，后来北上京师，一举考取功名，最后官至安徽合肥梁园巡检。父亲一直是彭玉麟的榜样，因为父亲最初考取的是文官——《四库全书》实录馆供事，虽然是从九品的小官，但从官职便可以看出，父亲对文学经典的钻研程度。彭玉麟孩提时就深得父亲耳濡目染，这也为彭玉麟少年成才创造了很好的条件。

彭玉麟祖籍是湖南衡阳县，但是年少因为父亲升迁——安徽合肥梁园巡检，随家人在安徽合肥生活了几年。后来父亲升官，又深得当时安徽巡抚李翰章（李鸿章的兄长）极高的推许，那几年算是彭玉麟年少时锦衣玉食的日子了。说来也巧，以后将同在一朝为官的李鸿章于1823年出生在安徽合肥，冥冥之中，李鸿章和彭玉麟的缘分就已经注定。

虽然孩提时代生活在安徽合肥，但这毕竟不是自己的祖籍，小小年纪的彭玉麟对这里并没有太多的感情。命运也随即将他带离了这里，给他开启了一个全新的世界。

道光十一年（1831年），父亲彭鸣九因得知母亲病逝，回籍守丧，彭玉麟一家便一同回到了衡阳县渣江镇。谁也没有想到，因祖母逝世回籍吊丧的一家人却遭遇了厄运。

彭玉麟父亲的祖籍就在衡阳县渣江镇，因为官职变动便去了安徽合肥上任，但是在原籍是有彭玉麟家的祖田百亩。这次回籍之后，彭玉麟的父亲彭鸣九才知道所有的田地全被亲族非法占有。连回籍的彭玉麟一家都不得不住在三间旧屋里。

这一境遇给在外做官的彭鸣九当头一棒，彭鸣九却也无可奈何。彭鸣九一方面要承受丧母之痛，一方面还要承受家田被

彭玉麟故居，位于湖南衡阳的退省庵

族人侵占的痛苦。花甲之年的彭鸣九经受不住这样的打击。道光十三年（1833年），彭鸣九便因为族人争夺田产的诸多事宜，气急病发，逝世了。

一个官宦家族就这样从彭鸣九逝世后败落了，从此，彭玉麟变成了家里的顶梁柱，他得天独厚的家族帮助也就从此画上了句号。1833年便是他一生的转折点之一。这一年，彭玉麟年仅十六岁。

彭玉麟虽然算是出身高贵、家境殷实，享受着一般人家不敢想象的良好教育，但是好景不长，自父亲死去，彭玉麟生命中的一切优异的条件便像是烟花一般刹那逝去。

十六岁的年纪，不足以让彭玉麟对付唯利是图的族人，更不足以让他养起一大家族的亲人。但是我们必须承认，在这样一种境遇下，彭玉麟并没有屈服于命运。父亲彭鸣九英年早逝，虽然留下了清名，李翰章在悲痛其去世之余为他写下了小传，并写道："推为皖中循吏之最"，但他为官清廉也没有留下多少遗产，而族中一些势利人又对孤儿寡母横加欺凌。失去了父亲，年少的彭玉麟和弟弟加上一个常在深闺的母亲，没有足够的反抗能力，只能忍气吞声。

彭玉麟的母亲王氏是一个贤明有识鉴的女人。她不忍儿子小小年纪被族人胁迫，便命令儿子外出避祸。彭玉麟为求生路只好"避居郡城"，衡阳县城也就成了彭玉麟生活的第二个起点。不得不说，避居衡阳是彭玉麟这一生极为正确的重要决定。

如果彭玉麟选择为报父亲之仇，在乡下生活一辈子忍辱负重，那么，他的一生便不是后来那番模样。生活总是在面临选择的时候告诉我们什么叫做命运，从这里，彭玉麟的命运便注定他不是一个在乡下默默无闻的乡野小子。

以避祸之由来到衡阳的彭玉麟并没有太多的顾虑。或是情境所迫，或是久慕大名，彭玉麟选择了在石鼓书院就读。

和其他官宦人家一样，父亲不会亲自传道授业，但"名师出高徒"，有名师的教导才更容易成才，只有上私塾才是最好的选择。即使父亲不在了，彭玉麟凭借自己的能力还是就读在石鼓学院。

石鼓学院，中国四大书院之首，历经风霜，是历代文人骚客纷纷向往的圣地。苏轼、周敦颐、朱熹、张栻、程洵、郑向、湛若水、叶钊、邹守益、茅坤、旷敏本、赵大洲、林学易、王敬所、蔡汝南等人在此执教，名师出高徒，这里的学生

石鼓书院正门

石鼓书院内景

也是出类拔萃。在这里培育出了王居仁、夏汝弼、管嗣裘、邹统鲁、朱炳如、伍定相、曾朝节、陈宗契、王夫之、曾国藩、彭述、杨度、齐白石等一大批对中国历史产生重大影响的名人。

这不是巧合，这所优秀的学院在中华历史上也扮演着举足轻重的角色，培育出各行各业的优秀人士，为中华文明的发展和延续做出了巨大的贡献。石鼓书院这样的就读条件可谓是得天独厚。彭玉麟也在其中接受过正规的儒家教育，在这里就读的经历和接受的教育，为彭玉麟之后的发展奠定了基础。

命运虽然给彭玉麟开了个巨大的玩笑，但他却没有因此丢下学业，家庭生活窘迫，但不影响他求学的热情。可谓是"旧袍敝冠、三餐不继，然介然自守，未尝有饥寒之叹"。这样艰苦的环境才更加激起他的斗志，他不愿屈居人之下，以颜回自喻，希望像父亲一样，学成之后考取功名。由于彭玉麟年少时在安徽已经上过几年私塾，有较为扎实的根基，加之他专心致志，勤奋好学，成绩总是名列前茅，深得先生的器重和同学的赏识。

这是他人生的第一条路，虽然并没有一直走下去，但是却是影响他一生的一条路。这条路教会了他做人，也培养了他的品性。可以说，彭玉麟为人耿直、淡泊名利的品性就是在这条求学道路上慢慢养成的，后来的他，在朝做官从不鱼肉百姓，更坚持为民请命、甘于苦役。

然而，父亲的逝去对这个家的打击还是太大了，彭玉麟自己的温饱可以不顾，但他不能不顾生他养他的母亲。为谋生计连自己的同胞弟弟彭玉麒都跟随别人去远方学做生意，多年没有音讯。书院经费不足，每月发给入学者的生活费用往往不能维持温饱，继续就读在石鼓书院未免太不切实际了。为此，彭玉麟只得放弃学业。失去了父亲之后，就意味着碰上这个家失去了经济来源，这时，渐渐步入成年的他必须承担起养家的重担，他可以不在书院就读，但他不能让自己的母亲跟着自己受苦。所以，没有经济收入的他在寻找一个能够养家的机遇。

经过这次家庭的变故，彭玉麟也成长了许多，他原本希望通过走和父亲一样的求学之路成就自己，现在为了生存只好另寻他路。在寻路的过程中，他承受着非同寻常的痛苦，和原本家境贫寒的孩子相比，从衣来伸手、饭来张口的生活到家徒四壁、三餐不继的生活落差更是让他难以承受。但也正是这次磨难，养成了彭玉麟刚介耿直的个性，他亲身经历过下层百姓的艰难生活，在之后为官生涯中坚持着自己的初衷，从不欺压百姓，也绝不姑息贪官恶霸。

在少年时尝遍人间冷暖，有的人是性情大变、个性扭曲、自暴自弃，有的人则会艰苦奋斗、自立自强、功成名就。彭玉麟显然是后者，但每一个光鲜亮丽的成就光环之下往往藏着一颗饱经风霜却强健有力的心。彭玉麟有日后让人称赞的成就是因为他能在种种磨难中逐渐成熟，找到属于自己的辉煌之路。

养家重担

父亲去世，年少的弟弟为求生计远走他乡，一个历经磨难的家庭，就只剩下年长的彭玉麟来供养，虽然彭玉麟年纪小，但并不影响他选择属于自己的人生。不得不说，这次选择是直接影响到彭玉麟之后的命运，如果不是这次选择，或许，清朝就缺乏一名优秀的海军将领。

原本，在父亲耳濡目染之下，彭玉麟想要像父亲一样做一个高风亮节的清官，但是家庭的重担不足以再供他就读私塾。即使是这样，他已经比普通的贫苦人家的孩子幸福太多，享受了不识愁滋味的童年和少年时期，只是在成年之际需要承担起家庭的重担。这已经是生活给予他的恩施。

如今，过了年少不知愁滋味的年纪，现实便告诉了他什么叫作命运。如果没有收入，母亲就要跟着他三餐不继，只有有了收入，这个在风雨中飘摇的家庭才可以再次和和美美。所以，几经波折，在一番考虑之中，彭玉麟凭借自己在石鼓学院打下的基础，在衡州协标营做了司书小吏。司书虽是文官，但因为是在军营中，就算是一个戎官。无法了解在司书这个工作之前，彭玉麟还做了些什么工作，但我们可以想象出，一个少不经事，又初次在衡阳城扎根的少年人在一个繁华的衡阳会受到怎样的冷遇，但是司书这个工作却给予了彭玉麟半渐冰冷的心一丝温暖。这算是彭玉麟人生第一份工作，也是彭玉麟人生中极为重要的一份工作。当然，这也是左右彭玉麟人生的一大选择——弃笔投戎。

不是彭玉麟选择了这份工作，而是这份工作救赎了彭玉麟。在举家困顿之际，更需要一份属于自己的收入。这份工作，既满足了彭玉麟数年求学的经历，也完成了作为长子养家的职责。在清政府统治波诡云谲的时局之下，想要求得一份满意的工作实在是有难度。作为一个从小接受过正规儒家教育的世家子弟，彭玉麟也不能够满足通过卖苦力来供养家庭，即使是自己想要做这样的工作，从小养尊处优的身体也可能吃不消。司书，似是小官，却可以长久打算，实际上是拯救了彭玉麟命运的神来之笔。

几乎是同时期，华夏大地发生了一件大事。道光二十年（1840年），英国海军司令伯麦率舰船四十八艘，士兵四千余人到澳门，鸦片战争爆发。清政府的统治，自建立以来，面临了一次巨大的危机，这不再是像普通的农民起义般小打小闹，派些小兵小将一边暴力镇压、杀鸡儆猴，一边投之以诚、努力招安。这是来自经历了工业革命的资本主义强国的挑战。我们凭借着尖锐的长矛刺不破敌人精良的铠甲，我们凭借着自制的坚盾抵挡不了敌人先进的枪炮，我们凭借着自己的城池抵挡不了敌人强大的炮火。加之，清政府的统治原本就已失去民心，朝廷内外主战主和意见不一，统治者犹豫不定，让侵略者有了可乘之机。任百姓欺凌，任国土践踏，这样的统治，民不聊生，民怨四起。

在这样的时局之下，百姓原本就不能够安居乐业，彭玉麟的养家责任就更加艰难。即使是这样，彭玉麟仍旧没有放弃对生活的希望，加之他为养家吃了太多的苦，军营的生活让他更加坚毅，他对于生活仍旧充满了信心。司书的工作仅能够供给自己和母亲持家，并不能满足彭玉麟其他的需求，他作为一个从小接受儒家正统教育的读书人，总是有那么一点点的仕途梦，有属于自己的抱负和梦想。

在实现抱负的途中，彭玉麟经历的这些在他眼里还是不算什么，或许是受父亲年少下江南求学的激励，彭玉麟对他现在的生活十分满足。他能够做自己喜欢的工作，从事和自己所学相似的工作，还可以凭借所得月俸奉养母亲。

人生之事，贵在坚持。只要心有所安，在哪都能够有所作为。彭玉麟的这段军营生涯，让他见识到了军营的黑暗面，对他之后的统军生涯有着极大的帮助。经他统治的部下，将士都各司其职，没有敢胡作非为，也不敢玩忽职守。为官多年，连自己周围的子弟都要求甚严，他自己说："治家贵严，严父常多孝子，不严则子弟之习气，日久易惰，而流弊不可胜言矣。"所以说，年少时的任何经历都可以成为后来人生路上的基石，会让人走得更远，飞得更高。

"天将降大任于斯人也，必先苦其心志，劳其筋骨，饿其体肤，空乏其身，行拂乱其所为，所以动心忍性，曾益其所不能。"毕竟，我们不能要求有一个足够强大的出身，只求自己在经历一番磨难之后能够有所成长，为自己的抱负创造出一条属于自己的道路。彭玉麟这些经历都是成功之前的累积，只为"降大任"在他身。

初遇伯乐

古语云，"千里马常有，而伯乐不常有"。姜太公愿江边直钩钓鱼，唯愿愿者上钩，实际上是感慨自己人已暮年却难有伯乐。诸葛亮躬耕陇亩，实际上是在等待伯乐来寻找。可以说，彭玉麟做司书的日子，是他在苦寻知己和伯乐的日子。

人生苦短，如果没有懂自己的知己和伯乐，便总是在一场与自我竞争的游戏之中。有了知己和伯乐，身体中的潜能也随之激发，连往日的"游戏"都有了不一样的趣味。这就是为什么有伯牙摔琴谢知音之说。伯乐和知己对于一个在困境的青年就像是久旱逢甘霖。

是金子总是会发光的。彭玉麟就像是沙子中的金砾，即使是做司书这样的小吏，也是有被赏识的一天。就像彭玉麟的父亲，虽然身居小官，却仍旧能被李翰章赏识，这就是人格魅力和个人能力的体现。彭玉麟似乎是比他的父亲还要幸运，或者，换一种说法，彭玉麟比他的父亲还要优秀，在他做司书的日子，一个偶然的机会，衡州知府高人鉴在军营中看到了彭玉麟写的一份文书，对他的文才与书法大加赞赏，随即召至厅堂相见，见其气宇轩昂，甚为赏识。之后，高人鉴便收彭玉麟为弟子，招揽进官署读书，这样，衡州知府高人鉴就成了彭玉麟生命中的第一个伯乐。

任何第一次都是人们这一生最为重要的经历，这次初遇伯乐也是彭玉麟人生中的一大转折点。作为知府的门生，彭玉麟的人生才从这里开始顺畅起来，因为他受知府赏识，他的前途一片光明，人生一下变得明朗起来，但是，这只是彭玉麟人生的第一个小高潮。但这一高潮，却是影响了彭玉麟一生。

自从父亲去世之后，被雾霾笼罩的家庭就没有一日安宁，原本养在深闺的母亲却因为这一变故和自己饱受苦难，至今自己的弟弟依然音讯全无。在这个腐败王朝的末路上，有无数没有出路的读书人，不是因为没有志向，而是没有明君。明君不在，奸佞当道，即使为官也难以有所作为，只能成为随波逐流的一员，或许坚持一生清廉但实际上还是碌碌无为，只有等待终老。

知府高人鉴收彭玉麟为弟子之后，非常同情彭玉麟的身世，会他也更加赏识。高人鉴亲自督教他读书学习，耐心开导指点，使其学业大有长进。等到赶考的时候，竞争十分激烈。彭玉麟抱着很大的信心去参加县试，结束后，主考官拟定彭玉麟为第一名。但是，好事多磨，有人告发彭玉麟是外乡人，因此第一名的结果不被大家信服。知府高人鉴知其身世，向主考官力荐彭玉麟，经过一番周折，主考官择选彭玉麟为县试第三名。

彭玉麟遇见他人生的第一个伯乐高人鉴已是这番光景，却不知还有伯乐在前路上等着他。

由于年少时家境所迫，辍学谋生，彭玉麟楷书功夫欠佳，誊写试卷往往出格，因此继续参加乡试的他并没有考中。后来浙江省的高学政到湖南视学，希望能够物色到人才。

这一日，他走到彭玉麟的门前，听到有琅琅的读书声。便走进院落细听，发觉屋中人朗诵的并不是四书五经类的科举文章。高学政感到奇怪，走进屋中，家徒四壁，虽然非常简陋，但门上却有一副对联：

绝少五千柱腹撑肠书卷
只余一副忠君爱国心肝

高学政在感慨对联的同时，又端详了书法，见字写得雄浑有气势，可既不是欧体，也不是颜体，就像是未曾学过书法的人。于是，高学政便到了邻居家问清了彭玉麟的姓名和身世，颇为感慨。

两个月后，高学政到湖南长沙府，看到了一份试卷，见书法气势雄浑，似曾相识，恍然记起，当即选为第一。揭榜时，果然是彭玉麟，心中甚喜。彭玉麟被召见时，高学政将几月前所见所闻告诉彭玉麟，彭玉麟感恩有这样一位伯乐，执弟子之礼。

这是彭玉麟这一生唯一一次考中"功名"，作为"中兴四大名臣"之一的他，是其中唯一一个只做过秀才的人。但是，彭玉麟的人生并没有从此止步不前。

"忆得少年多乐事，夜深灯火上樊楼"，我们往往应该顺从时间的选择，什么年纪做什么事。彭玉麟在孩提时代受父亲耳濡目染，在少年时代对着老师耳提面命，在青年时代为生计奔波。这就是他的人生，虽然面临未知的风险，但仍旧有明朗的道路。我们需要的不仅仅是高远的抱负、极佳的机遇，我们还是应该着手眼下，走好自己人生的每一步路。毕竟，每一步路都影响到之后的人生，但走过了就难再回头了。

山重水复疑无路，柳暗花明又一村。彭玉麟在衡阳城中摸爬滚打了些许年，没有太大的功绩。日子也是平淡无奇，只是不再三餐不继，因为受知府赏识，前景一片光明。但这只是彭玉麟在年少更事的年纪小有成就，未来还在等着他去创造。

第二章　声名渐起

牛刀小试

道光二十二年（1842年），清政府签订丧权辱国的《南京条约》，中国的社会就进入了一片混乱之中。国库空虚，2100万银元的赔款大大加重了百姓的负担。为偿还赔款，苛捐杂税纷纷出台，百姓苦不堪言。七年之后的道光二十九年（1849年），一场农民起义迅速在湖南省新宁县爆发。在这场起义中，彭玉麟名气初起，有了他从戎道路的第一次胜利。

1849年，农民出身的李沅发带领一群饱受困苦的布衣子弟，成立了把子会，在湘桂交界地区起义。这次起义是太平天国起义前规模较大的一次反清政府统治的起义。

这次起义的原因主要是封建剥削和天灾人祸。自鸦片战争以来，百姓生活可以说是举步维艰。先是为了偿还巨额赔款，百姓被迫上交过多的苛捐杂税，可祸不单行，桂北湘南地区灾荒瘟疫频频发生。百姓不仅没有能力上交各种税务，连自家食用的粮食也是捉襟见肘。除了这部分原因之外，桂北湘南地区大部分运输工人因为被迫开辟通商口岸，贸易中心北移而失业，这部分失业工人也成了这次起义的主要组成部分。

新宁县城，位于湖南省西南部，南临广西，正好位于桂北、湘南交界地区。1849年11月27日，李沅发率众起义兵围攻新宁县城，杀害了代理新宁县知县万鼎臣等，这就代表着李沅发起义彻底爆发。

清政府听闻起义军占领了新宁县城，只觉是一群乌合之众，便派兵前往镇压。湖南的地方官吏接到清廷命令后，立即调集永州、长沙、衡州、辰沅等地协标营兵，在各地团练武装的配合下，前往新宁镇压义军。

这时的彭玉麟在衡州协标营做文书工作，也跟随协标营一同前往新宁。在这次剿捕过程中，起义军浴血奋战，杀死了很多清军将领，但是清军有强大的政府财力支持，有过硬的军事将领，再加之起义军自身的缺陷，在道光三十年（1850年）初，清军攻克新宁县城，李沅发率起义军向湘桂黔边界山区转移。经过半年左右的辗转，这次起义的首领李沅发在金峰岭被俘，这次声势浩大的反清起义就这样画上了句号。

在这次起义中，彭玉麟身为协标营的一员，在前后六个多月的时间里，随同大军在桂北湘南一带游走作战。时至寒冬，既要忍受艰苦的作战环境，又要忍受不知前路如何的担忧。彭玉麟三十四岁的生日便是在这样的境况中度过的，他也写下了《贱辰感怀二首》：

锦绣韶华逐浪流，英雄事业付浮鸥。

黑貂裘敝形容槁，白发年高梦寐忧。

今古有天难问命，乾坤无地可埋愁。

一腔热血谁堪买，卖于黄衫紫髯侪。

曙角声寒几暮天，徒加马齿一年年。

狂歌浩饮仍弹铗，流水高山不抚弦。

失路谁堪悲阮籍，浮槎我最美张骞。

关山戎马惊征鼓，何日金铙唱凯旋。

从这首诗，我们便可以看出彭玉麟心中的一腔抱负。可能正因为觉得自己已到而立之年仍旧无所作为，更加重了彭玉麟建功立业的决心，这次镇压起义也成了彭玉麟人生的一块跳板。

现存的史料并没有记载彭玉麟在这次战斗中究竟有何作为，但我们从他的诗《大破金峰岭，生擒首逆李沅发》可以猜测出一二。

飞来将令肃于霜，万叠青峰绕战场。狡兔满山看乱窜，妖狐无地得潜藏。六韬胸运阴符策，七尺腰横宝剑光。灭尽欃枪始朝食，书生从此卸戎装。

从这首诗，我们便可以看出，这次镇压起义，由于李沅发率起义军逃入山区，围剿战场便转移至便于藏匿的群山之中，但从"妖狐无地得潜藏"这一句，看出彭玉麟自身的自豪感，即使身处有利地势之中，起义军仍旧无处匿藏，清政府军队成功歼灭了反清分子。从"书生从此卸戎装"，也可以看出他希望在有生之年能够过上平静祥和的日子。但这样日子在当时那样的环境下只是奢望。

在成功打败起义军后，清政府按功行赏，因为在作战中彭玉麟表现出了卓越的胆识和踏实的办事作风，彭玉麟被行赏的大官误认为是武将，受赏蓝翎。衡阳协标营更是授予他临武营外委的武官官职。但彭玉麟志不在这样一个小官，以年轻学浅，不堪人师，报效国家则来日方长，此时应该潜心学术，在家赡养母亲为由辞去了这一职务。

"燕雀安知鸿鹄之志"，彭玉麟胸怀大志，并不愿意屈才做这样一个小武官，这次辞官也是意料之中。他希望有真正的伯乐能够赏识他，直到那一刻，他才会心甘情愿。所以他受了赏赐之后，便辞去军营的官职，和母亲隐居在家，不理世事。后来才知道，确实有这样一位伯乐在等待着彭玉麟的到来。

自这次起义结束之后，彭玉麟先是辞去一身职务在家奉养母亲，后应富商杨子春的邀请，到耒阳为其打理商铺，这时的彭玉麟将自己一身的热情都投入到经商中。他的一身学问让他在乱世中有了立足之地。殊不知，属于他的第二次机会又来了。

　　乱世当道，清政府的危机又一次来了。咸丰元年（1851年）1月，洪秀全带领他的兄弟们在广西桂平金田村起义。秋天，起义军占领广西永安城。12月，洪秀全在永安建号太平天国，再称天王，并分封诸王，封杨秀清为东王，萧朝贵为西王，冯云山为南王，韦昌辉为北王，石达开为翼王。东王以下各王均受东王节制。太平天国起义越来越大。

　　因为太平天国起义的影响，天地会的力量越来越大了。位于湖南省东南部的耒阳也深受其影响，自太平军进占湖南以来，耒阳城内的天地会也蠢蠢欲动，对耒阳城内的各种商铺大加抢掠，胆小的耒阳县知县不敢有丝毫作为。彭玉麟和富商杨子春一同找到知县，表示愿意将当铺所有钱财都用来资助知县在城内流民中招募勇士，为守城做好防御工事。在这样计策的指导下，全县加紧练兵，补修城墙，耒阳县的百姓们纷纷为守城做好了万全的准备。天地会的战士们听闻彭玉麟这样的安排，自知难以对付，不敢轻易攻城，最后，城池得以保全。通过这次事件，彭玉麟的大名已经远播在外。知县亲自为其叙功，但彭玉麟不求功名，只求归还之前当铺资助的钱财。正是彭玉麟高深的抗敌计策，或许还加上不求功名的气度，使得他声名鹊起。

三顾出山

经过前两次战斗，彭玉麟声名鹊起，便又有高人赏识。这一次的高人成了彭玉麟命中的伯乐，让他终究在历史的画卷上画上了属于自己的一笔。这个慧眼识英雄的人物就是曾国藩。

当时的曾国藩就已经是清王朝的股肱之臣了，自鸦片战争以后，清政府终于看到了地方武装力量的重要性，特别是因为太平天国的崛起，使得清兵战斗力低下的弊端彻底暴露出来，

曾国藩画像

为了挽救国内一边倒的形势，清政府下令要迅速建立起能够抵抗外敌和镇压反清起义的地方武装力量。这个受命之臣就是正在湖南湘乡老家为母丁忧的曾国藩。

咸丰三年（1853年），中国近代史上的第一支新式地主武装湘军在衡州府（衡阳）诞生了。这只是地方武装力量的一部分，即陆军建制，水师稍晚于陆师，但是构建规模同陆师是一样的。

在陆军建制结束之后，曾国藩便着手于水师建制。但是水兵的要求比陆兵的高，在征兵过程中，又有太平军从中作梗，曾国藩也是下了一番苦功夫。

在咸丰二年（1852年）12月，太平军进占湖南益阳，因为当地民众和天地会的援助，得到了民船数千，在这种情况下，太平军的水军力量大大增加。清政府建立水师迫在眉睫。

1853年1月29日，受命的曾国藩自湘乡抵达长沙，与巡抚张亮基一同筹划剿灭太平军事宜，这次筹划或许就是水师建制的最初规划。

筹建水师也不是一件容易的事，光有足够的兵力是不够的，一个强大的军队仍旧是需要一个足够有力的将领。将才并不是那么好求，在建立水师之初，因为当时那么多没有能够成事的将领，曾国藩也是四处招揽这样的人才。这时，曾国藩相人的能力就体现出来了。

他的笔记《才用》篇中说道："世人聪明才力，不甚相悬，此暗则彼明，此长则彼短，在用人者审量其宜而已。山不能为大匠别生奇木，天亦不能为贤主更出异人……虽有贤才，苟不适于用，不逮庸流，……当其时，当其事，则凡才亦才亦奏神奇之效，否则龃龉而终无所成。故世不患无才，患用才者不能器使适宜也"。

从这里，我们便可以看出曾国藩对于发现和善用人才有着自己独到的见解。在他看来，人才都是需要有人发现其长处并且善于利用。这也是曾国藩成就自己的一步绝世好棋。正是这步好棋，成就了他的神州第一幕府。

彭玉麟也是通过这样被曾国藩赏识的。曾国藩考虑到做水师将领要具备这样几个条件，首先最基本的要熟读兵法，兵法是排兵部将的要义，如果不能得其精髓，也只能是纸上谈兵。所以第二个要求就是亲身经历过战斗，并有足够的政治远见和谋略。其次，就是水师应该达到的要求——通识水性，最后就是将才应当首当其冲，做军队表率，应当武艺高强，为练兵打好基础。

知道曾国藩广求人才的常仪安向他推荐了彭玉麟。确实，彭玉麟能够达到上述条件。所以，面对这样一个武艺高强，又深识水性，并且熟读《公瑾水战法》，参加过真正战斗，又有政治头脑的好将才，曾国藩那颗求贤若渴的心终于可以安顿了。除了上述将才之能以外，曾国藩最欣赏彭玉麟的是不慕功名，几番为朝廷立下功劳，却仍旧没有居功自傲。就像曾国藩自己用人识人的基本观念：一要才堪治民，二要不怕死，三不计名利，四是要耐受辛苦。彭玉麟就是这样的人才。

汉有刘备三顾茅庐，清有曾国藩三顾彭宅。在咸丰三年（1853年），曾国藩筹建水师之时，彭玉麟有勇有谋、不慕名利的形象出现在曾国藩的脑中，曾国藩当然不会放过这样一个人物，几次三番派人去好言相劝，但是彭玉麟因为先年母亲逝世，在家悲痛不已，日日在母亲坟头伤心流泪，哪有精力去应付曾国藩派来的官员。曾国藩看手下几次三番请不来彭玉麟，或许自知是自己慢待了他，或许被这份孝心感动，为了这样的一个好将才，曾国藩只好效仿刘备，亲自去彭玉麟与母亲隐居的家里去请他出山。

先前两次曾国藩来到彭玉麟的家中，没有看到彭玉麟的身影，只好悻悻而归。最后，经过一番打听，曾国藩知道了彭玉麟在墓山中，他便亲自上山，在彭玉麟母亲的墓庐中找到了彭玉麟.这一年，彭玉麟已经年近不惑之年。曾国藩对其好言相劝，大加鼓励请求他出山，他还说，"乡里藉藉，兄弟尚且不保，何守丘墓乎？"这句话或许触动了彭玉麟的心弦，因为太平天国军队处处反清，民不聊生，连外出的胞弟彭玉麒都下落不明，不知生死，胞弟都难以保全，天天守着坟墓又有什么用？

在曾国藩多次晓以大义的劝说下，彭玉麟最终答应了曾国藩，决定出山带领水师。但是，彭玉麟同曾国藩约定：功成必身退，"不要官，不要钱"。这使得曾国藩更加看重彭玉麟。

这一次出山成就了彭玉麟一生的功绩。水师这两个字也就成为了彭玉麟生命中最为重要的两个字。直至生命终结，彭玉麟也未曾离开过这两个字。他一生为这一事业付出了太多，也从未忘记自己的原则，他在奏折中这样写道："臣本寒儒，佣书养母，丁母忧（母逝），闻粤逆之乱，激于义愤，慷慨论兵。曾国藩谬采虚誉，强令入营，臣勉应其招，墨绖从戎，初次谒见，即自誓不求保举，不受官职。"

这样的自白无疑是对自己的总结，但是彭玉麟在余后的日子中真正做到了。不得不说，曾国藩的眼光确实独到，因为有了彭玉麟，湘军水师确实为清政府立下了汗马功劳。

最初，湘军水师也分为十个营，营官由彭玉麟、杨岳斌、褚汝航、夏銮等十人担任。水师各部在之后的水战中相互配合，成为了清政府镇压起义军的一把尖刀。彭玉麟和杨岳斌早在李沅发起义时便一同出过力，自这之后，彭玉麟和杨岳斌的关系更加密切了。

虽然各营各自统治，但是彭玉麟不同于其他几个营官，《清史稿》记载，"其九营多武员，白事悉倚玉麟，隐主全军，草创规制多所赞画"。从这里看出，曾国藩用人的技巧，总是擅于发现长处加以利用。彭玉麟在水师中出力更多，不仅为其练兵，更为水师的建设提出了很多的规划建议。因为其高深的政治谋略，让彭玉麟在水师中献谋献策很多，这是水师在初期建设中十分需要的。

直至咸丰四年（1854年），湘军衡州船厂完工，这时湘军水师才初具规模，具有了足够多的船只、大炮等水上作战工具。彭玉麟等人也练兵数日，北伐指日可待。

自水师建成之后，彭玉麟才真正踏上了属于他的从戎道路。

平定天国

自应曾国藩邀请，加入湘军水师之后，彭玉麟迎来了他人生的巅峰时刻。平定太平天国起义成了彭玉麟加入水师之后，成就自己的第一站。虽然，这一战中他沾满了无数华夏子孙的鲜血，但是，这次镇压起义也奠定了彭玉麟在水师中的声望。

1852年，太平军从永安突围北上，连战告捷。各地反清势力纷纷响应，太平军的队伍日益壮大，在百姓中的影响力也日益增加。清政府迫切希望曾国藩率军北伐太平军。

咸丰四年（1854年）2月25日，曾国藩发表北伐宣言《讨粤匪檄》，亲自督军，率湘军水师、陆师共一万七千多人，自衡州启程，自此，声势浩大的北伐从这里开始了。

1854年4月17日，太平军石祥祯部势不可挡，击败曾国藩湘军，再占岳州，湘军水师往长沙撤退。因为新近练成的湘军水

太平天国起义时期发行的货币

陆各师缺乏实战经验，湘军首战告败，将士士气低下。

4月24日，太平军林绍璋部进攻湘潭。因为这次首战告败，作为主帅的曾国藩心急不已，召集诸营官议战守，因为曾国藩的信任，他推彭玉麟决策。彭玉麟支持左宗棠的观点，力主以主力攻打湘潭，攻下湘潭之后再反攻岳州。因为岳州太平军打了胜仗，有了准备，并且士气高涨。现下，曾国藩同意彭玉麟的主张。

4月26日，在紧张的兵力部署和战前动员之后，按照彭玉麟的规划，曾国藩派湘军水师五营驰赴湘潭，助塔齐布攻打西征军。计划赶不上变化，4月28日，曾国藩得到错误情报，以为靖港守敌只有数百人，防备松懈，于是违背彭玉麟事先的规划，自督战船四十艘、陆勇八百，合乡团进攻靖港太平军，结果水陆俱败。曾国藩羞愤不已，死伤士兵大部分来自家乡湖南湘乡，他既无颜面对家乡父老，也没脸再去见湖南官员，万念俱灰的曾国藩投水自杀，多亏左右部下救起。但是曾国藩并没有看错彭玉麟。同日，彭玉麟、杨岳斌等率水师五营在湘潭大败太平军水营。4月30日，彭玉麟、杨岳斌等率水师五营顺风纵火，将太平军船只和粮草补给焚烧殆尽。湘潭之战以湘军完胜而告终。

自湘潭之战完胜之后，曾国藩派遣彭玉麟乘胜追击，再次攻打岳州。7月7日，曾国藩命褚汝航、夏銮、彭玉麟、杨岳斌率领湘军水师四营两千人为先锋，攻打岳州。太平军守在南津伺机而动。7月24日，彭玉麟在君山设伏，杨岳斌在雷公湖一带设伏，派出小船包抄太平军船只，大肆破坏船只，大败太平军水营。7月27日，太平天国悍将曾天养率船三四百艘，配合陆师，反攻湘军。彭玉麟同杨岳斌置之死地而后生，冲入敌军阵营，烧毁敌军船只，太平军水路仍被湘军水师击败。

8月8日，曾国藩率湘军水师余部及陆军两千人，总兵陈辉龙率广东水师四百人，知府李孟群率广西水勇千人，抵达岳州。8月9日，太平军韦俊等部反攻岳州，陈辉龙、褚汝航、夏銮等率湘军水师抵御，轻敌中伏。陈辉龙、褚汝航、夏銮先后受伤落水身亡。彭玉麟、杨岳斌驾驶舢板，奋力作战，韦俊等部才退兵。有了彭玉麟和杨岳斌的这次岳州之战，又一次险胜。

8月16日，因岳州之战亲点大炮、立毁"贼船"，清廷赏加彭玉麟同知衔，并赏戴花翎。从这次战役之后，水师中彭玉麟和杨岳斌的勇略被人称赞。

两次战斗的胜利大大鼓舞了湘军士气，太平军的攻占步伐受到了一部分的阻挠，但是，反抗力度却大大加大了，之后的田家镇之战就是很好的例子。

10月15日，太平天国东王杨秀清命燕王秦日纲设防湖北田家镇。田家镇被誉为"武汉第一门户"和"楚江锁钥"，地理位置显要。由于两山夹峙，长江到此突然收窄，两岸相距只有五百米左右，故有"划船过江十八桨"之说。田家镇在这次战斗中成为了十分重要的争夺地。太平军在这里设置了十分严密的防守。

太平军以山壁为起点和终点，用铁索在江面上连接起连串的小船，用竹木做成大筏，在竹筏上放置大炮，周围用小船保护，在大炮后方陈列粮草补给。放眼望过去，就像是一座城池。这样的布置不可不谓是严密。

即使是这样，彭玉麟率领的湘军水师仍旧想方设法突破了这样的防线。12月1日，湘军水师进扎至田家镇外围。彭玉麟、杨岳斌冒险至南岸与塔齐布、罗泽南商定，于次日水陆齐攻田家镇铁链，分船为四队：第一队专斩铁链；第二队抵御太平军炮船；第三队等铁链被斩断之后，冲江而下，攻烧太平军下游船只；第四队守护水师粮台辎重。用这样各个击破的办法来突破防线，十分奏效。

次日，湘军水师孙昌凯等驾驶快船直达横江铁链前，椎断铁钩，抽去承链之船，烧起火炉，将铁链烧红后，即用大斧斫断。彭玉麟率舢板船猛攻太平军炮船，掩护孙昌凯等人的行动。铁链既断，杨岳斌率舢板小船顺流直下，直达武穴①，然后纵火而上，将太平军水营四千多艘战船全部烧毁。

12月3日，太平军自焚营垒，弃田家镇，东退黄梅。这次战斗中的作战方法也被广为宣传，江南诸多水师中都能够学习和

——————————

① 武穴：地名。

借鉴。

田家镇之战是彭玉麟与太平天国军队作战中最为激烈的一战，这场战斗的胜利成为了彭玉麟的代表战役之一。

自这之后的九江之战，湘军水师被太平军阻断在鄱阳湖内，自此，湘军水师分为内湖和外江两部分。曾国藩见难以掌控局面，命彭玉麟率外江水师尚存较好的七十余艘战船，以援鄂为名，驶赴沔阳州新堤修理。名为援鄂，实为养精蓄锐，再寻他法接回被阻隔的内湖水师。

咸丰五年（1855年）4月3日，太平军韦俊等部再占武昌，是为太平军三占武昌。因为九江之战，使得湘军水师无力阻止太平军攻占武昌，直至8月24日彭玉麟重新招募将士、再造船，成立了新的军队，一共有三千人，虽然人数不多，但是足以和太平军一战。彭玉麟和胡林翼约定一起率部水陆齐进，攻打蔡甸。最终，彭玉麟瓮中捉鳖式地击败太平军水军，又登岸帮助陆军截击。最终，太平军退出蔡甸。

彭玉麟率领的湘军水师先是猛扑汉口，烧毁太平军船只三百余艘。是夜，太平军撤离汉口镇，彭玉麟督率湘军水师进入。9月5日，湘军水师拟还沌口，途中遭遇太平军炮击。彭玉麟所乘战船桅杆折断，难以前进，形势危急。恰巧部下划船经过，彭玉麟跳进舢板，才逃过一劫。

这年的12月，先是彭玉麟因伤回衡州原籍养病。内湖水师仍旧处于水深火热之中，曾国藩别无他法，屡次催促他来江西统领内湖水师。于是，彭玉麟伪装成商人，说一口安徽话，换了服饰徒步行走了七百里，等到要出太平军管辖的边境时，彭玉麟穿着一身破旧衣服，怀揣一只破碗，扮成乞丐，竟然蒙混出境，在12月间到达南昌。曾国藩命其统领内湖水师，彭玉麟便着手整顿湘军内湖水师。

咸丰七年（1857年）10月25日，湖口战役打响，彭玉麟与杨岳斌里应外合，彭玉麟率湘军内湖水师分三队依次冲突出湖，杨岳斌率湘军外江水师至湖口，发炮声援。湘军内湖水师和外江水师，时隔两年半后，重新会合。这次成功会合，大大鼓舞了将士。在一系列战斗之后，湘军与太平天国军队的战斗即将拉上帷幕。

同治二年（1863年），太平军又占据九洑洲这样的要塞。在洲中筑起了十几座堡垒，在堡垒外建成了城墙，用很多的小船环绕着九洑洲。太平军凭借着防御工事和枪炮抵御彭玉麟率领军队的进攻。彭玉麟心急如焚，只好破釜沉舟，对作战的将士说，"攻克不下，便不收队"。战士们只好拼死一战。在这期间，彭玉麟又选出死士上岸大声呼喊："洲破了！洲破了！"在这种情况下，太平军惊慌失措，彭玉麟所率军队雀跃欢呼，一哄而上，破坏了洲边的小船，登上小洲，一片打杀。太平军所有将士都争相逃跑，溃不成军。九洑洲一战，彭玉麟技高一筹，险胜太平军。

从九洑洲一战之后，湘军部队水陆并进，先后攻克江苏省几个城镇，直至11月22日，彭玉麟、鲍超率部水陆齐进，攻克江苏省溧水县。至此，太平天国首都天京的所有物资补给线全部被切断。同治三年（1864年）6月1日，太平天国天王洪秀全病逝。7月19日曾国荃部湘军陆师攻克天京。太平天国运动彻底失败。

因为克复太平天国天京，清廷赏加两江总督曾国藩太子太保衔，赐封一等侯爵；浙江巡抚曾国荃太子少保衔，赐封一等伯爵；江苏巡抚李鸿章，赐封一等伯爵；陕甘总督杨岳斌、兵部侍郎彭玉麟赏给一等轻车都尉世职，并赏加太子少保衔。

太平天国带给彭玉麟的不仅仅只是朝廷的赞赏，还有刽子手的称号。无数反抗清朝暴政的起义百姓，在这场声势浩大的起义中遭无辜杀戮。走上这条由百姓血肉堆砌起来的功名路，或许是彭玉麟这一生最大的败笔。

第三章　辞官卸任

回籍难允

彭玉麟生命中第一场战斗以大获全胜告终。在这场战斗之后，彭玉麟受到了朝廷的赏识，但是没有失去自己人生的方向。他一直梦想着有一天能够真正"书生从此卸戎装"，但是这样的日子在那样的乱世终究是难寻的。

彭玉麟在应曾国藩"三顾茅庐"之情从戎之初，就有约在先"不要官，不要钱"。彭玉麟没有违背他的初衷，一味追求功名。在他看来，参与这场战斗也恰巧是他在适合的时机该做的事。起义失败了，也没有战乱了，百姓生活也逐渐步入正轨，彭玉麟做完了该做的事就能够辞官卸任，回籍颐养晚年。

天不遂人愿！正值用人之际，清政府看到了彭玉麟的才能之后，又怎能让这样一个有能之士回籍休养。这就是政治的残酷，彭玉麟几经上疏，仍旧没有被答应辞官回籍。

在太平天国起义失败的半年之后，同治四年（1865年）3月3日，清政府命彭玉麟担任漕运总督。漕运总督掌管鲁、豫、苏、皖、浙、赣、湘、鄂八省的漕政，还节制江北镇道各级官员，是众人所垂涎的天下一流肥缺，一般人求之不得。但彭玉麟在清廷下令后连续两次谢绝，理由除了不懂漕政外，又加上性情褊急、见识迂愚，不会与各方圆通相处。起初朝廷不愿接受，但彭玉麟态度坚决，最后只得作罢。

其实，这样出人意料的坚决已经不止这一次了。早在咸丰十一年（1861年），彭玉麟因为军功在这之前便封官为安徽布政使衔水师统领。当时曾国藩任两江总督，把所属三省巡抚任给他的三个亲信，作为曾国藩手下的一员得力将领，清廷任命彭玉麟为安徽巡抚。但他却一连三次辞谢，其理由是已习于军营而疏于民政，请朝廷勿弃长用短。朝廷只好收回成命，改任他为兵部侍郎，依旧留在前线督带水师，因为受邀为曾国藩领军，他才坦然接受。

他数次这样辞官，本就是他心性所致。诚然，接受曾国藩的邀请是彭玉麟为了完成自己的抱负。彭玉麟自己这样说过：“臣之从戎，志在灭贼，贼已灭而不归，近于贪位”。在清政府统治面临危机的时候，作为有远大抱负的他只能为国家灭“贼”。但是，彭玉麟是有原则的人，他有自己的人生规划。

同治七年（1868年），已至知天命之年的彭玉麟上奏清廷，请求开缺回籍。这次请求辞官回籍的奏折，深切感人，可与李密的《陈情表》相媲美。

　　臣墨绖从戎[①]，创立水师，治军十余年，未尝营一瓦之覆，一亩之殖；受伤积劳，未尝请一日之假；终年风涛矢石之中，未尝移居岸上求一日之安。诚以亲服未终，而出从戎旅，既难免不孝之罪，岂敢复为身家之图乎？臣尝闻士大夫出处进退，关系风俗之盛衰。臣之从戎，志在灭贼，贼已灭而不归，近于贪位；长江既设提镇，臣犹在军，近于恋权；改易初心，贪恋权位，则前此辞官，疑是作伪；三年之制，贤愚所同，军事已终，仍不补行终制，久留于外，涉于忘亲。四者有一，皆足以伤风败俗。夫天下之乱，不徒在盗贼之未平，而在士大夫之进无礼，退无义。伏惟皇上中兴大业，正宜扶树名教，整肃纪纲，以振起人心。况人之才力聪明，用久则竭，若不善藏其短，必致转失所长。古来臣子，往往初年颇有建树，而晚节末路陨越错谬，固由才庸，亦其精气竭也。臣每读史至此，窃叹其人不能善藏其短，又惜当日朝廷不知善全其长。知进而不知退，圣人于易深戒之，固有由矣。臣本无经济之学，而性情褊躁，思虑忧伤。月积年累，

---

① 墨绖从戎：指在守丧期间从军作战。墨：黑色；绖：古时丧服中围在头上和腰间的散麻绳。

怔忡眴晕，精力日衰，心气日耗。若再不调理，必致贻
误国事。恳请天恩开臣兵部侍郎本缺，回籍补行终制。
报国之日正长，断不敢永图安逸也。

彭玉麟向朝廷言明，自己为母亲守丧还未结束，就加入了
湘军的队伍。在从戎期间，一直兢兢业业，从未玩忽职守，直
到战斗结束之后，不愿贪位，又怕未尽该行之孝，也难以在士
大夫中进退，只能辞官回籍。最后，诚恳的一句"报国之日正
长，断不敢永图安逸也"才是彭玉麟甘为苦役的自白。

清政府看在彭玉麟孝心和忠心一片，只好暂时答应了他的
请求。8月27日，清廷准许彭玉麟开缺回籍，补行守制。但是，
事情还是没有这么顺利。不到半月之久，9月8日，清廷以曾国
藩调任直隶总督，黄翼升一人不足以控制长江水师为由，命彭
玉麟于百日后迅赴江、皖地方，扼要驻扎，兼以养病。这样，
彭玉麟的回籍之事又被清政府间接驳回了。

在这种情况下，彭玉麟只能够奔波于长江水师事宜，同治
八年（1869年）1月13日，清政府命彭玉麟将长江水师事宜布置
周妥，明春（1869年春天）再行回籍。继上次下令四月之后，
清廷终于又一次明确地给出了允许彭玉麟回籍的时间。

然而，这只是清廷的缓兵之计，为了留住彭玉麟，清政
府几次三番悔改回籍时间，这次也不例外。直到同治十一年
（1872年）10月6日，清廷命彭玉麟署理兵部右侍郎。一心想要

辞官回籍的彭玉麟自然是不想做这个官，10月7日彭玉麟上奏清廷，待皇上大婚礼成后，再决定是否就任兵部右侍郎。彭玉麟在养心殿东暖阁接受同治皇帝及两宫太后的召对①。慈禧太后问及长江水师利弊、筹防江海等事宜，彭玉麟一一作答。从这里看来，即使彭玉麟心在回籍，但仍旧将自己的分内事处理得妥妥当当。

同治帝大婚之后，时隔三年，10月26日彭玉麟上奏清廷，请求开缺回籍养病。这一次，清廷准许彭玉麟开缺回籍，命其嗣后每年巡阅长江一次。经历了太多，彭玉麟的回籍之路终于有了具体日程。

或许彭玉麟追求的生活便是像他诗里所写的那样：

《江乡》其一

江乡风景复何如，近水遥山夕照余。

茅舍竹篱红杏里，拂檐垂柳绿扶疏。

《江乡》其二

总角欢腾稚子嬉，天生生趣少人知。

家家桑柘阴浓日，正是蚕忙三月时。

---

① 召对：君主召见臣下令其回答有关政事、经义等方面的问题。

彭玉麟对于家乡衡阳充满感情，他笔下的家乡风景优美，百姓生活和谐美满。第一首写景，描绘的是田园风光，字里行间都表现着彭玉麟发自心底的一种归属感。乡景与归心相契，才有这样的感动。第二首写百姓，安居乐业。不管是写景还是写人，他的诗句中都透出一种难以言喻的幸福感，也正是他一直向往着这样的生活。心永远是面朝着家乡，或许，这就是他几次三番请求回籍的原因之一吧。

自从被应允回籍，阔别故乡十六年的彭玉麟的心已经飞回故里。从此，彭玉麟的生活又开启了全新的篇章。

再议水师

彭玉麟自受到曾国藩的赏识之后，或许是与其在母亲墓前相谈甚欢、英雄相惜的感动，或许是彭玉麟自己想要在而立之年能有所建树的动力，彭玉麟在湘军水师工作上一直风头大出，成为朝廷委以重任的人选。恰逢多事之秋，即使彭玉麟在平定天国之后，请愿开缺回籍，朝廷也是再三拖延。清政府唯愿彭玉麟处理好长江水师诸多事宜，以备不时之需。

这时的长江水师，便是湘军水师改制后的水师力量。因为镇压太平天国，湘军水师快速成军，在诸多制度方面仍有不足之处。清政府为了建立起一支真正能够对内镇压对外御敌的水师力量，于是下令让统领过湘军水师的将领们共同商议水师建制，想要将长江水师建成真正能够依靠的武装力量。

同治六年（1867年），彭玉麟已经过了知天命的年纪，却从母亲逝世之后，一直奉命于朝廷，难以回籍为母亲守丧。彭玉麟作为湘军水师的元老之一，与一些同僚们商议长江水师的营制事宜。这些同僚们，包括赏识他的伯乐——两江总督曾国藩、还有曾国藩的一些亲信漕运总督吴棠、江西巡抚刘坤一、湖南巡抚李翰章等。这些人都为湘军水师的建立立下了汗马功劳，也对长江水师的建制能够提供一些经验之谈。

　　这是彭玉麟自平定天国之后第一次与同僚会议水师之事，作为中国近代海军的奠基人，这自然不是最后一次为水师建设出力商讨。

　　时隔一年之久，1868年3月28日，彭玉麟第二次会议长江水师事宜，这次商议将长江水师的营制基本上确定了下来。最终敲定这样的营制：从长江上游的荆州到下游的崇明总共五千多里的水路上，设置一名提督为总领，手下有五名总兵管理，各总兵手下营官、哨官各七百九十八人，小兵一万两千人。这些兵的军饷由长江地区的厘税供应，不由户部支出，共六十多万两。经过这样的制定，长江水师的一套统兵制度就形成了。各营、各哨各司其职，长江水师的工作也步入正轨了。

　　这时的曾国藩年近花甲之年，不仅上了年纪，并且在官场也摸爬滚打了很多年。这时的朝廷正需要一批新一代的得力干将。彭玉麟虽然比曾国藩年纪小不了几岁，但是他入朝为官时间短，做起事来从不马虎，特别是在太平天国时期作出了巨大的贡献，所以，这次长江水师建制事宜，朝廷就重用了彭玉麟。或许，彭玉麟是想在自己辞官回家之前再为国家作出一点贡献，这次长江建制的问题，他做得非常投入且认真。

然而，俗话说：万事开头难！有了明确的营制，如果执行不下来，也是竹篮打水一场空。所有的营制运转，都需要军饷的源头处保证。所谓"人为财死，鸟为食亡"，当兵的战士要为国家抛头颅洒热血，他们的那些军饷也是风里来雨里去的卖命钱。如果不能按时发饷，战士们作战的积极性就不高，这就影响了整体长江水师的战斗力。

所以，彭玉麟处理营制问题的重点在于军饷问题。实际上，在商讨长江水师营制的时候，关于军饷问题，彭玉麟和其他将领已经在原有的基础上进行了改善，自鸦片战争以后，清政府面临战争赔款的危机，原本空虚的国库，变得更加难以维持了。长江水师的军饷是由长江地区的厘税供应，厘税收入只是国家的部分收入了。这已经算是比较妥善的办法了。

天不遂人愿，厘税供应军饷的方法还是满足不了长江水师的开销。彭玉麟又为了军饷的事情发愁。当时由于没有通畅的运输道路，淮盐积压，没有很好的销路。有经商经历的彭玉麟想出了一条妙计——低价买进积压的淮盐，再运到其他地区高价卖出，从中赚到的钱财用来充当军饷。真是天无绝人之路！彭玉麟为了长江水师的事情真是想尽招数，衷心希望清政府能有这样一个强大的武装力量保护国家。

在当时的情况下，彭玉麟将淮盐贩卖一事从清政府那里揽到自己手中，等到长江水师建制基本结束后，水路打通，他便将销路不畅的淮盐卖到其他地区。因为数量巨大，仅靠彭玉麟一人是难以将这笔生意做完的。曾国藩便在长江三省地区设了三省督销局，三省督销局是清政府在地方设立的卖盐机构，这个机构是卖盐的一大助力，彭玉麟通过这个机构引来一大批卖盐商贩，通过盐票的方式将这批盐卖出去。

通过这样的方式，彭玉麟将积压的淮盐全部卖了出去，赚得了巨额的银两和盐票。彭玉麟一下就解决了军饷的问题，并且有了很多的盈利，但是彭玉麟却分文不取。

"臣愿以寒士起，愿以寒士归"，这是彭玉麟在朝为官的准则之一。或许，在这一点上，彭玉麟是从自己的父亲彭鸣九处学习而来的，父亲彭鸣九一生为官清廉，两袖清风。彭玉麟在处理卖盐得来的钱财一事之上，没有中饱私囊，他将余下的钱财作好分类，分别用于朝廷各种事务之中。

自水师创立以来，彭玉麟便一心为了水师建设，决心要办好水师的他将一部分卖盐剩下的钱财用于水师公费，以备不时之需。将剩下的部分分为几份：二十万两作贵州和甘肃两地的军饷，以解各地军饷短缺之急；同时，用十万两资助广本县教育；用盐票犒劳诸多有功劳的大将们。一来笼络人心，二来给众士兵一个榜样力量。

从此之后，长江水师的建制事宜结束。将士们也就无后顾之忧、团结一心将长江水师的制度一致贯彻了下去。长江水师的事情也就告一段落。

同治八年（1869年）的春天，彭玉麟如愿以偿地回到了衡阳。他为自己建起了一座草庐，时常去往母亲的墓地以慰母亲的在天之灵，这时的他不问世事，过着陶渊明的"采菊东篱下，悠然见南山"的日子。

彭玉麟的一生便终结在这清幽的草庐当中吗？当然不，长江水师的商议之事仍旧没有结束。

巡江伊始

彭玉麟自回到家乡之后，随即造草楼三间，布衣青鞋，时常往来于母亲的墓地。在这期间，他以布衣的身份闲住在乡间，不过问地方政事，深得地方官民的爱戴。在补制期满之后，亲手种树种菜，菜蔬之物自足有余。这样的日子是彭玉麟一生最为清闲的日子。

但是，这样的日子并没有太长久。

自同治七年（1868年）起，彭玉麟被任命为首任长江巡阅使，职在巡阅长江水师各部并案明缺漏，上疏朝廷。彭因回籍守丧三年，不理世事，加之，水师自设立以来，东南各地区皆无战事可打，士兵多安逸散漫，各种制度事务也大多被废除，长江水师已进入一个危险时期。

同治十一年（1872年）彭回籍守丧期满，受命巡阅长江水师，这一年年初，发生了一件大事。3月12日，彭玉麟一生的伯乐曾国藩病逝，年终62岁。自曾国藩死后，长江水师的诸多事宜只能仰仗彭玉麟。彭玉麟在悲痛之余，开始巡阅长江。4月23日，彭玉麟从长沙出发，横洞庭湖南下，这次巡阅是彭玉麟为官生涯的一个转折点。因为在之后的很长一段时间内，彭玉麟都劳心劳神地去做这件事。

或许是朝廷听闻长江水师积弊已久，抑或是朝廷信任彭玉麟的整治能力。5月8日，朝廷命湖南巡抚王文诏告知彭玉麟，仔细查看各营长江水师，整理军纪，多加统治。

彭玉麟见自己创立的水师变成如今模样，自是怒火中烧，又自知是自己三年不管不顾，加之恩师曾国藩年迈病重，长江水师无人打理所致，只得罢免一百八十余位营哨官。这些统兵之将，多是玩忽职守，无组织、无纪律性，致使长江水师上下

彭玉麟秋色图扇面

乌烟瘴气。

在这种情况下，彭玉麟只好上疏朝廷，再仔细议长江水师之事。有些营哨官为官不正，从而养成士兵的恶习。只有优良将领才能统治好部下，肃清军纪。因而，他提出了四宜"将才宜慎选，积习宜力除，军政宜实讲，体制宜复旧"。在他看来，只有下定决心，选好将才，统好部下，实抓军政，落实体制，才能统管好长江水师，这些意见为长江水师的整治起了很重要的作用。

除了这些机制和治理问题，他还帮助原长江水师提督黄翼升请求开缺回籍养病，并密保李成谋为新一代长江水师提督。

在彭玉麟巡江结束之后。10月7日，清政府又命令彭玉麟担任兵部右侍郎。彭玉麟心有所安，不愿再入朝为官，但又怕辞官被拒，只好先答应在同治帝大婚礼成后再决定是否任兵部右侍郎，当时彭玉麟身处养心殿，接受垂帘听政的两宫太后和同治帝召见。慈禧太后问及长江水师利弊，巡江回来的彭玉麟将自己所见所感一一上告太后。

时至同治帝大婚，举国欢庆，彭玉麟任宫门弹压大臣。受此殊荣的彭玉麟并没有沉溺于居高位的享受之中，而在皇上大婚十日之后的10月26日，再次上奏清廷，请求开缺回籍，清政府看彭玉麟年事已高，又知其忠心一片，只能准许，也只好下令命其子嗣在之后的每年必须巡阅长江一次。

从这时开始，彭玉麟便走上了巡江之路。有彭玉麟巡江的日子，长江水师上下皆整肃，实力也逐渐增强。这巡江之路从同治十一年（1872年）至光绪十四年（1888年），也就是在彭玉麟病逝的两年前。彭玉麟或觉自身大限将至，或觉长江水师已步入正轨，便一次又一次力辞兵部尚书实缺，并开除巡阅长江官差，但是在自始至终的十六年光阴里，彭玉麟从未随意放下巡江差使。

彭玉麟为巡江方便，便在杭州西湖边建了别居，并取名退省庵，每巡江至下游，彭玉麟就居住在此休养身性。从别院的名字可见，彭玉麟不贪功名，有退隐之意，唯愿退居于此，不愿在朝为官。

这些年的巡江事务，充实了彭玉麟的晚年生活，他也从未抱怨，赢得了甘于苦役的好名声。

第四章　仍忧国事

不绝上疏

从同治十一年（1872年）起，清廷应允彭玉麟开缺回籍，只要彭玉麟每年巡阅长江一次。彭玉麟的生活便很少能够接触到朝堂的一些事务。即使是这样，彭玉麟仍旧没有忘记自己的使命——"得专杀戮，先斩后奏"的钦差大臣。

在巡阅期间，彭玉麟时有发现，帮助百姓整治贪官恶霸，肃清军队中的不良风气，致使长江流域军民一片和谐。百姓一有冤屈，就盼望彭玉麟能够听闻并为其主持公道，他也并未辜负百姓的信任，他为人刚正不阿，从不包庇他人，所以人称"彭青天"。

清史稿中有记："每出巡，侦官吏不法辄劾惩，甚者以军法斩之然后闻，故所至官吏皆危栗。民有枉，往往盼彭公来。朝廷倾心听之，不居位而京察屡加褒奖，倚畀盖过于疆吏。"这是

彭玉麟绘画

彭玉麟在巡江途中所作所为，即使远离朝堂，却仍旧不忘朝堂之事，将长江流域打理得井井有条。

同治十二年（1873年），即彭玉麟奉命巡阅长江的第二年，1月6日，彭玉麟踏上了巡江的征程。这次，他虽然不再每日上朝呈疏，但是他却亲身抵达瓜州江岸，并与新任长江水师提督李成谋会面。这次会面是为了与李成谋商讨长江水师诸多事宜，毕竟刚上任的李成谋还需要熟悉长江水师的前辈指导。彭玉麟身为水师统帅之一义不容辞，将自己这些年带军的经验之谈都讲给了李成谋，并且细心嘱咐李成谋一些长江水师应办之事。

至从前任长江水师提督黄翼升回籍之后，长江水师在彭玉麟的精心管教下步入正轨，朝着欣欣向荣的方向发展着。

这才只是彭玉麟第二年巡阅水师得来的成果，在之后的几年，彭玉麟不管刮风下雨，一直坚守在巡江的道路上，从未抱怨，将这份工作当成自己生命中不可缺少的一部分，对于自己的建议，他也是从不吝啬地向朝廷上疏，只求长江水师经过一番变化，能够成为真正独当一面的武装力量，也希望长江流域的百姓都没有冤屈、能够安居乐业。

同治帝在上位十三年之后驾崩，举国缟素。彭玉麟已经经历了三代皇帝的更替，在这种情况下，他还是秉承着自己的赤子之心，在恳求两宫太后节哀之后，将新的朝代该有的革新面貌上报清廷。

光绪元年（1875年），彭玉麟上疏，请求将四个方面着手改变旧朝面貌。这四个方面为：清吏治、严军政、端士习、苏民困。自古以来，这几个问题都是历朝历代重视的问题，但是彭玉麟现下敢提出来这样的改善方案，也实为大胆。

在他看来，首先是朝野之中乌烟瘴气，部分官员相互勾结、拉帮结派，应当着手清理。彭玉麟上疏时从来不顾后果，不畏朝野同僚的嘲笑和敌对的。他也总是能够从现象中抓住本质，新的皇帝上任，虽然不像新的朝代更替一样谨慎，但彭玉麟从旧的王朝中发现问题，希望新帝能够解决朝野的混乱问题。

彭玉麟考虑问题全面，因为巡江工作的展开，彭玉麟与军营、地方官府和布衣百姓相交甚密，自然不会只看见朝廷中的问题，为改变整体面貌，他建议清政府该解决各个部分的问题，除了朝廷问题，还有军营问题，还有民生问题。

彭玉麟从长江水师的军营中便可以看出军营中的问题，因为多年无战事，水师各部便沉溺于安乐，事务多怠慢，这样的情况在军营中非常普遍。为了解决这样的问题，便有了这第二条和第三条"严军政""端士习"。

彭玉麟统领水师向来雷厉风行，对待将士奖罚分明，严格约束部下，所以，在他的军营中很难发现有作奸犯科、不听指挥之人。想要在战斗中取胜，除了军队实力之外，还需要有一群严格遵守军纪的士兵。对于军队来说，军政就像是大船中的舵把，是用来约束和指示方向的。彭玉麟想要通过这一条为国

正中端坐者为彭玉麟

家准备战斗力顽强的武装力量，以备不时之需。

"巡阅长江时，每赴营官处，营官急将厅事陈设之古玩及华焕之铺陈，一律撤去，始敢迎入。"这是易宗夔在他的笔记体史书《新世说》中描写的彭玉麟巡江场景，从这里便可以看出彭玉麟的为人处世。

"水能载舟，亦能覆舟"，彭玉麟的第三个方面的建议，便是看到了这一点。百姓是国家之本，对此彭玉麟从两次农民起义中深有感悟。其实，若是风调雨顺，上位体恤，百姓便能够丰衣足食，没有人会心有不甘而造反起义。彭玉麟希望以后的生活——"书生从此卸戎装",不愿百姓受苦、生灵涂炭,更不愿出现像水师军饷不足的这种情况,所以,彭玉麟希望清廷能够采取措施帮助百姓摆脱贫困的现状。由此可见,彭玉麟心性善良,心忧百姓,有范仲淹"先天下之忧而忧,后天下之乐而乐"的胸怀。

关于彭玉麟的上疏,自是不少,每次巡阅长江,他总是能在细微之处发现问题,并且及时解决。不管是擅离职守、不守军规的兵将,还是横行霸道的贪官污吏,他都从不手软,为民造福成了他为官的一大准则。

其中最让人敬佩的当数两件事,这两件事是与两个人有关,一个是李鸿章的堂侄子李秋升,一个是曾国藩的弟弟曾国荃。这两件事使得彭玉麟的清名在世间广为流传。

《新世说》中记载了彭玉麟斩杀李秋升的故事,这个事件是这样发生的。

某一年,彭玉麟以钦差大臣身份巡阅长江水师到安徽,因为李鸿章和李翰章在朝为官,当时合肥的李家权势方盛。李鸿章有一个侄儿叫李秋升,仗着李鸿章的权势经常做些违法的事情,常常抢夺人家的财物、妻子或女儿,当地官员不敢过问。

就在彭玉麟巡江到此的这一天,李秋升又肆无忌惮地抢夺某乡民的妻子而去。这位乡民心中焦急不堪,但又不敢轻易报官。恰巧的是,号称"彭青天"的彭玉麟巡江至此,这位村民听说后就向彭玉麟上诉。彭玉麟听闻了这件事后,并未声张,

曾国荃画像

就先把这位乡民留在了自己的座船上，而命自己的手下以公事
邀请李秋升过来。

李秋升来到了彭玉麟船上，彭玉麟便要求两人对质。他对
李秋升问："这个人告你抢了他的妻子，有这回事吗？"李秋升
自以为仗着自家势大，直接马上回答说："是有这么回事，又怎
样？"彭玉麟大怒，命手下用竹鞭抽打李秋升无数下。听闻这
件事的府县官员都过来了，都吓得跪地哀求彭玉麟就此平息算
了，彭玉麟仍然坚持依法处置。过了不久，巡抚大人与地方各

高官也都过来了，并以公事请见彭玉麟，彭玉麟也知道他们的来意，一面命人接待，一面又暗中对另外的手下说：将案犯依法处置。巡抚及各官脚才刚登上彭玉麟的船，而彭玉麟的手下已经提着李秋升的人头上来交差了。事后彭玉麟在给李鸿章的信中说：你侄儿败坏了你的家声，想必你也恨他，我已帮你处理好了。知晓事情原委的李鸿章怀恨在心，但只好回信说谢谢彭玉麟的做法。

朱熹说："世道衰微，人欲横流，不是刚毅之人，断立脚不住。"彭玉麟无疑就是这样一位能立足乱世的刚毅之人，官家"治乱世用重典"，往往针对的是草莽刁民，而他却把霹雳手段用在了气焰正盛的李鸿章的侄子身上，这不得不令人钦佩。

查勘诸事

清政府因为彭玉麟在镇压太平天国起义的表现，愿意让他统领长江水师并管理诸多事宜。这是彭玉麟在军事方面的能力受到了肯定。如果单是有这一种能力，彭玉麟的名声便不会被世人广为流传。

自从彭玉麟巡江工作开始之后，"自是水师皆整肃，沿江盗踪敛戢，安堵者数十年"。不仅是水师肃清，连长江沿岸地区的百姓都能够安居乐业。清政府听闻彭玉麟整治的雷霆手段，知道其为官刚正不阿、不畏强权，便愿意将重大政事和官吏重案都交由他去处理。这是彭玉麟的为人让清政府信任。

事实证明，彭玉麟并没有辜负清政府的信任。

光绪四年（1878年）是彭玉麟生命中悲痛的一年。3月30日，彭玉麟的儿子彭永钊在衡州因病去世。当时的彭永钊只有三十多岁，可谓是"高堂明镜悲白发"，白发苍苍的彭玉麟开缺到家才六年有余，常年在军营的彭玉麟没有给予这个孩子太多的父爱，即使是回籍后，仍旧少不了每年外出巡阅长江，在这样该天伦相聚的时刻，彭永钊骤然离世。白发人送黑发人的彭玉麟自然是悲痛不已，但他仍旧没有抱怨。

在处理好儿子后事之后，同样是四月份，彭玉麟又踏上了巡阅长江的道路。这次的巡江之路，虽然是同样的景色，但在彭玉麟看来却失去了一分颜色。

本就自小失去了父亲，加上之后为学做生意离家失踪的胞弟，再加之年迈逝世的母亲，现在连心爱的儿子都已经离世了。彭玉麟的亲人一个个地都离开了人世，彭玉麟这些年因为在军营工作的原因，原本就很少与家人团聚相处，这下彭玉麟的人生又多了一些遗憾。

8月28日，长江流域武昌等县有百姓自发拦河筑坝，希望江中大水能够灌溉庄稼，但是江路不畅通影响了商家过往运输货物，连长江流域的渔民都受到了不少的影响。最严重的是，上游某些地区水位上涨，有决堤的风险。长江流域的商户、渔民纷纷上告。

湖广总督李翰章听闻此事后就奏，武昌等县刁民拦河筑

彭玉麟创作于 1878 年的梅花图

坝，有碍水利，故调派兵前往将坝平毁。后又有人奏，樊口堤闸关系农田民命，李翰章奏报不实，请重新勘察。在这样的情况下，清廷命正执行巡江任务的彭玉麟同杨岳斌一起前往樊口，详细查勘，细心酌度，据实具奏。

彭玉麟和杨岳斌在来到樊口之后，不仅考察了当地农民和农田灌溉问题，还考察了靠长江吃饭的渔民谋生问题。在一番考察之后，彭玉麟于10月14日给清廷上奏了《遵查樊口情形折》，汇报这次樊口事宜。他主张修筑樊口闸，这与湖广总督李翰章是对立的。

彭玉麟认为：樊口闸一旦修好，方便农民需要灌溉时开闸放水，受益的是广大种植业农户，但是受损的是少量渔民。经过一番权衡，彭玉麟在奏章里说：渔户人数只有十分之二三，税收也只占千百分之十一，根本无法与耕田者的人数和田赋收入相比。一番对比下来，彭玉麟相信修筑樊口闸给国家带来的利益是较丰厚的。

彭玉麟处理这个事件时，并不是单方面只考虑农民的利益，而是将农民和渔民的利益放在一样的位置上考虑，因为百姓生活不易，但是居上位者往往只能顾全大局，只有据实勘察，多加权衡，才能够作出真正有益于国家的决策。

光绪七年（1881年），有人上奏清廷，两江总督刘坤一贪图享乐，不理政务，清廷便下令命彭玉麟查清事实。实际上，这件事的直接原因就是时称之为"青牛角"的张之洞与"青牛尾"的陈宝琛的弹劾奏章。张之洞上疏说,刘"嗜好素深,又耽逸乐,比年精神疲弱,于公事不能整顿,彭玉麟与之筹议江防颇为掣肘";陈宝琛则上疏说刘坤一"广蓄姬妾,日中始起,稀见宾客,公事一听藩司梁肇煌所为,且又纵容家丁收受门包"等。但实际上,一方面张、陈所言,基本上是时人所谓的"皆门以内事也",即在封建社会中对做官构不成巨大的威胁。

彭玉麟受到任命后,就张之洞和陈宝琛两人所言,据实勘察。实际上,彭玉麟久居官场,便知这是派系之争的把戏,李鸿章趁机挤兑对立阵营的同僚。加之身居两江总督、兼任南洋防务大臣的刘坤一并未统一东南事权,这样就招来其他东南权臣的挤兑。

彭玉麟做事一直是对事不对人,在经过一番调查之后,他不顾得罪以李鸿章为代表的权臣,在8月10,便上奏清廷:他人所参部分均不属实,刘坤一并未贪图享乐、不理政务。

清廷派彭玉麟查勘朝臣重案并不止这一次,在之后的日子里,彭玉麟几番帮助清廷查明事实,先后有左宗棠、涂宗瀛、张树声等。在这些查勘事宜中,他"皆主持公道,务存大体,亦不为溪刻"。在清廷那样的地方,彭玉麟从来没有失去该有的原则和本心,没有沾染官场不好的习气,实在是难能可贵!

应俄操兵

自1840年鸦片战争之后,清政府被迫签订丧权辱国条约,不仅百姓因为赔款生活困苦，更甚的是，在这之后，西方列强见屹立于东方的"强国"在外交和军事力量上并不强硬。纷纷效仿英国，想要在虚弱的大国身上分一杯羹。

在这之后的清政府也正如西方列强预料的那样，轻易签订了各种不平等条约。

咸丰六年（1856年），英军水师攻陷广州外城，第二次鸦片战争爆发。但是，当时的清政府将主力放在镇压太平天国上，对外敌侵略抱着侥幸心理，直到咸丰十年（1860年）10月13日，英法联军攻入北京城，将圆明园洗劫一空，最后一把大火烧作焦土。咸丰帝被情势所逼，逃往热河。清政府才无计可施地被迫签订《北京条约》。

同治十三年（1874年），日本野心勃勃，以日本人在台湾岛被岛上土著居民杀害为由，想要强行攻占台湾岛。当时，日军兵分三路入侵我国宝岛台湾，从恒春登陆，焚烧台湾的牡丹社，对台湾进行了难以言状的毁坏，但是不愿被日军任意欺辱的台湾军民坚决抗击，日军进入进退两难的局面。

腐朽无能的清政府虽然也责难日军的无端进军，抗议日本兵进攻台湾，但是清政府无力御敌，再加上英、美、法等国出面"调停"。所谓"调停"，是为了真正保证日军达到目的。最终，日本国全权大臣大久保利通到北京与清政府代表谈判，懦弱的清政府最后被与日本国订立了不平等的《中日北京专条》（成为中日之间不平等条约之一）。在这个条约中，日本大言不惭地写道:"兹以台湾生番(土著居民)曾将日本国属民等妄为加害,日本国本意唯该番是问,遂遣兵往彼,向该生番等诘责(问罪)。"日本勒索中国白银50万两,作为日军撤出台湾的条件。五年之后的光绪五年(1879年),日本在得到该有的"赔偿"之后,还是没有放过自己眼馋的台湾岛。4月4日,日本出动大军逼至台湾岛,残害台湾岛无数百姓,最终,占领台湾岛,在那里设立了冲绳县。从此,台湾人民受到日军的重重压迫和剥削,生活苦不堪言。

在这种情势下,清政府并没有迎来运转之势。在野心勃勃的日本达到了目的之后,俄国也摩拳擦掌。早在光绪四年(1878年)1月2日,清政府就曾派兵收复除伊犁以外的所有新疆领土,而这些领土原本是俄国在第二次鸦片战争时期乘机强占的。

1879年10月2日,完颜崇厚[1]在克里米亚半岛的里瓦几亚擅自与俄国签订《交还伊犁条约》(又称《里瓦几亚条约》),割让伊犁以西、以南等处土地,赔款五百万卢布,并增开口岸多处。就这样,野心勃勃的俄国才暂时得到了满足。

这个消息传回了朝廷之后,朝野震惊。直到光绪六年(1880年)3月1日,清廷终于找到了一个妥帖的法子:先礼后

---

[1]　完颜崇厚(1826～1893年),清末大臣,先后担任三口通商大臣、直隶总督。因擅自与俄签订《里瓦几亚条约》,被弹劾入狱,后降职获释。

兵——先命曾纪泽从英国赴俄国谈判，争取将朝廷损失降到最低；另一方面，为应对沙俄的军事讹诈，为显示清朝态度，清政府希望做到军事上的震慑。所以，清廷命彭玉麟、李成谋认真整顿长江水师，加强江防。

这一年的4月17日，彭玉麟仍旧风雨无阻地从衡州出发，做巡阅长江的工作。4月24日，在巡江途中，收到清廷旨意的彭玉麟遵旨整顿长江水师，布置江防。彭玉麟便与长江水师提督李成谋商讨长江水师布防事宜。

7月30日，在英国的曾纪泽受清政府旨意前往俄国谈判，已抵达圣彼得堡，但谈判无果。清政府收到消息：俄国兵轮纷纷被调往日本长崎。在不知俄国意欲何为的情况下，清廷命李鸿章将沿海防兵加以整顿，以防俄国突然袭击，并命曾国荃督办山海关防务，长江水师也进入高度战备状态。负责长江水师防务的彭玉麟和李成谋压力倍增，但是彭玉麟并没有因此慌乱，一切还是在按部就班地进行着。

9月30日，彭玉麟偕同长江水师提督李成谋乘轮船由江阴出海，驶抵吴淞，彭玉麟在这里加紧操练水师，加强防卫。这时的彭玉麟已经六十三岁了。在这样的高龄，彭玉麟没有赋闲在家，而是挺身而出为国家出了一份力。

早年尝受太多乱世凄苦的彭玉麟，对于国家总是有着自己的一份期许。他希望国运昌顺、百姓安康，所以，即使在这样的年纪，他也愿意用自己羸弱的身躯能帮助国家抵御外敌。

终究这样付出还是有些成效，清政府担心的俄军大举入侵并没有发生。这是值得庆幸的。

在一年之后的光绪七年（1881年）2月24日，曾纪泽在经过一系列的谈判之后，与俄外务大臣等签订《中俄伊犁条约》和《中俄改订陆路通商章程》，在这两个条约中重划了西北边境，计划将崇厚划给俄国的领土收回。但是谈判过后，俄国只答应归还伊犁地区和特克斯河流域、俄占霍尔果斯河以西地区，并要求清政府赔款九百万卢布。

或许这时的居高位的皇家成员还在暗自庆幸，没有将祖宗留下的基业全部付之一炬，只是失去了一部分国土罢了。但是，在这种暗自庆幸之后，只有在那片土地上的百姓才能够体会到被国家抛弃的感受。

关心百姓的彭玉麟在筹备军防的同时，知道了这样的消息之后，感受到痛心疾首之外，深感无可奈何。不知是不是因为这样的消息刺激到了彭玉麟，在这番备战之后，彭玉麟对现今水师力量又有了一个新的规划。

光绪六年（1880年）10月21日，在俄国对清朝态度不明朗的情况下，彭玉麟上奏清廷，为加强水师力量请造十七八丈长之小兵轮十号。这是彭玉麟第一次请旨造船，但这并不是最后一次。

光绪七年（1881年）3月26日，在朝野上下商讨是否需要修建铁路时，彭玉麟上奏清廷，力阻修建铁路，请造小轮船。在他看来，修建铁路是为了国家经济，但是现在清廷暴露着巨大的外患。只有在先保证了国家安定的前提下，才能有力地发展经济。所以，当务之急是先增强水师的力量，用军事实力威压其他企图侵略清廷的国家。

但是这样的请求对当时的清廷来说，实在是有太多的阻力。因为各国剥削，清政府欠下大笔外债，无力再赶造轮船，所以彭玉麟的请求久久不被回允。

但这样的结果，并没有让彭玉麟失去信心，变得消极。彭玉麟在这次事件之后，仍旧尽心尽力地巡阅长江。或许，这样的彭玉麟才是真正的彭玉麟。

第五章 临危受命

奉诏即行

中法战争中，彭玉麟年纪已至七十，不愿再居高职，只是身居兵部尚书，以身犯险亲身督师广东，在这场战争中大胆起用将才冯子材，取得了镇南关大捷和谅山大捷，因为这场战争中的表现，张之洞曾作如下评价：

> 加官不拜，久骑湖上之驴；奉诏即行，誓剪海中之鳄。艰难时局，矍铄是翁。

所谓"加官不拜"，是指其屡辞官职。这一生，就像曾经的李白以"海县清一"为志向，彭玉麟一生无欲无求，只求百姓安康。在朝廷赐予高官时，他总是能够以自己坚定的态度让朝廷收回成命。

所谓"奉诏即行",是指赴粤督师,听闻法兵有异动,在清廷下令之后,彭玉麟不顾年迈病躯迅速前往,他奏言:

> 今广东防务吃紧,时事艰难,朝廷宵旰忧勤,臣一
> 息尚存,断不敢因病推诿,遵即力疾遄征,以身报国,
> 毕臣素志。前折即蒙恩准开缺并除长江差使,臣亦万
> 不敢辞此次广东之行,以免另简他员,往返迟延月日,
> 致误大局。

这次中法战争是彭玉麟继平定太平天国之后,最正面的一次为国作战。这次作战,也成就了彭玉麟在海军领域至高的地位。

除了在作战中的表现,彭玉麟毅然请辞两江总督,也是为世人称道。

最初清廷授安徽巡抚时,彭玉麟就曾力辞,他上疏道有:

> 臣,起自戎行,久居战舰,草笠短衣,日与水勇、
> 舵工驰逐于巨风恶浪之上,一旦身膺疆寄,进退百僚,
> 问钱谷不知,问刑名不知,勉强负荷,贻误国家。

他总是以身为粗野戎官,不知在官场如何进退为由,不让自己深入朝野中心。这是彭玉麟的心性,也正是彭玉麟受人敬佩的地方。

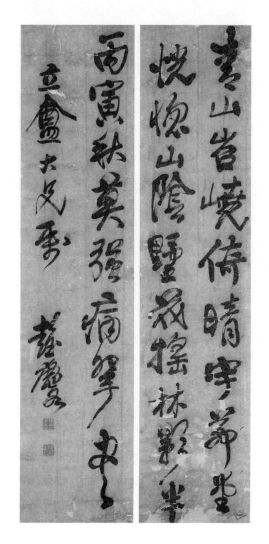

彭玉麟书法

虽然彭玉麟多次辞官，但是因为彭玉麟总是能在危难之际有所作为，朝廷还是十分看重他。就这样，清政府又授予彭玉麟漕运总督、两江总督、兵部尚书等官职。彭玉麟丝毫未被高官厚禄诱惑，他仍旧坚决推辞，曾以衰病力辞，上疏"才既不足以当官，何敢复受官以溺职，病既不足以履任，何敢复虚职任以泰荣名"等语，继而并请开除巡阅长江差使，得以静养。

这样的不慕名利在当时清廷中是十分难得的。连彭玉麟的恩师曾国藩在被授高官时都没有像彭玉麟一样万般推辞。或许，正是这个原因彭玉麟十分得曾国藩赏识。在曾国藩逝世之后，清政府将长江水师事宜几乎全权交给了彭玉麟。对于其他诸多政事，也是十分信赖。

光绪七年（1881年）8月22日，在清廷处理好俄国军事欺诈一事之后，清廷见彭玉麟虽然年迈但衷心一片，在筹防一事上也是恪尽职守。为了奖赏彭玉麟，清廷命彭玉麟署理两江总督兼南洋通商大臣。

像往常一样，彭玉麟依旧没有答应清政府的授官。年轻时的彭玉麟都不恋权位，何况已经年迈。他情愿自己一身布衣，身在省退庵，看看小桥流水，感受平常百姓的生活。

9月13日，彭玉麟上奏清廷，请辞署两江总督兼南洋通商大臣，并推荐曾国藩的九弟曾国荃担任两江总督。

因为曾纪泽的顺利谈判，对于这次俄国的军事欺诈事件的结局清政府比较满意。所以，或许正是这次危机，让清政府意识到了彭玉麟在水师统军方面的用处，清政府企图用高官厚禄拉拢住彭玉麟，但彭玉麟不为所动。事实证明，即使没有高官厚禄的诱惑，彭玉麟也愿意为国家的安定抛头颅、洒热血。

这是彭玉麟继漕运总督之后，请辞的最高的官位——两江总督兼南洋通商大臣。两江辖地广阔，又兼物产丰茂，南洋通商大臣一缺更是权大责重，一向非名宦宿臣不能任命。朝中重臣曾国藩、李鸿章等人都曾任过此职。让彭玉麟出任两江总督，说明朝廷对他的倚重，但彭玉麟就是不领这个情。

在这一年巡江结束之后，10月2日，彭玉麟上奏清廷，再辞署两江总督并请开除巡江差使。这是彭玉麟第二次上疏请辞两江总督，这也足以看出彭玉麟在这件事上的决心。这次彭玉麟以"不谙洋务，不习夷情"，"但愿用夏变夷，不敢用夷变夏"为由，力辞不就。朝廷无奈，只得把此要缺交给左宗棠。

这次辞官，是在预料之中又是在预料之外的事。洋务派在朝廷中有着举足轻重的作用，但彭玉麟还是按照他的心性走着他的道路，不愿与之为伍。意料之外的是，清政府并没有由此妥协，"放掉"彭玉麟。

又过了一个年头。光绪九年（1883年）3月3日，清廷补授彭玉麟兵部尚书。清廷似乎是下定决心，要给彭玉麟一个官位。但是，彭玉麟仍旧下定决心要将辞官的路走到底。

4月8日，彭玉麟上奏清廷，请辞兵部尚书。这是彭玉麟一生最后一次辞官。这一生，彭玉麟总共有六次辞官，这六次辞官都是彭玉麟心性的写照。直至光绪九年，朝廷仍没有应允彭玉麟辞去此职。即使彭玉麟没有答应做这些官，但是彭玉麟在对于国家大事上的处理从不马虎，如果需要他为国奉献，他会毫不犹豫。

在俄国军事欺诈之后，国内外暂无战事发生，朝廷统治者过了一段悠闲的日子。

奉旨赴粤

中法战争是彭玉麟生命中继太平天国之后最重要的事件，也是彭玉麟人生中不可缺失的一部分。太平天国事件给他的人生添加的只是满手的鲜血，无尽的杀戮，还有刽子手的名号。中法战争中虽然有流血、有杀戮，给他的却不是太平天国的那样的名声，这次战争给彭玉麟的戎马人生精彩地画上了圆满的句号。

继光绪九年，彭玉麟请辞兵部尚书一月之后，清政府悠闲的日子也到了头。5月19日，刘永福率黑旗军败法军于河内附近之纸桥，击毙法将李维业等三十人，这次胜利史称"纸桥大捷"。中法战争就这样拉开了序幕。

实际上，中法战争是中国人民反抗法国侵略越南和中国而进行的一场民族战争。但是，清政府并不是从一开始就主动进行这场战争的，而是在部分武装力量已经站到了战争的最前线并且已经取得了一系列胜利，才推动着清政府做出参战的决定。这部分武装力量就是游刘永福率领的黑旗军。

黑旗军原是太平天国时期广西农民起义军的余部。1867年由刘永福率领转移到越南红河上游的保胜一带。他们在这里开山劈林，聚众耕牧。久之，闻之而来的百姓都愿意归其麾下。很快就发展成一支有一定实力又得到当地百姓拥护的队伍。

事实证明，这支队伍成为了法国殖民者不可逾越的障碍。

十九世纪七十年代，法国殖民者侵略了越南南部之后，就把进攻的矛头指向了越南北部，进而侵入中国，掠夺中国西南和内地的财富。

法国侵略者的野心并没有就这样结束，清政府虽然当时也听闻了法国侵略者的消息，但是继两次鸦片战争、日本和俄国军事欺诈之后，清政府对于外国入侵有一种无名的恐惧感。对于是战还是和，朝野上下有着严重的分歧。操纵清朝外交大权的李鸿章等人，极力主张不要开罪于法国，应当谋求与法国和谈。一些人则主张援助越南抵抗法国，这类人之中就有彭玉麟。就这个问题，两派一直争论不休，迟迟没有定论。

1883年5月10日，刘永福向法军头子李维业发出战书，约法国侵略军在怀德府空旷之地交战。这时的黑旗军已经做好了战斗的准备。就这样，5月19日，战斗在纸桥打响。

这次战斗，从早上打到中午。黑旗军浴血奋战，大获全胜。共杀毙法军司令李维业以下"兵头三十余人，斩法兵百余人，伤者无算。夺获洋枪、马匹、刀剑……不可胜计"。这次战斗对于中法战争的发展有着十分重要的作用。

自黑旗军取得了纸桥大捷之后，朝野中的主战派有了可靠而有力的证据。朝野中许多有识之士，纷纷据理驳斥李鸿章等主和派人物的错误主张。虽然此时的彭玉麟不在朝堂之内，但是关心国家的彭玉麟也是支持主战派的观点的。他们提出这样的诘问："刘永福偏处一隅，至今尚与争锋。堂堂中国，岂一蹶而难振？"这样义正词严的斥责，显然让主和派感到理亏。

是战是和的争论并没有这样就结束。

在之后的不久，法国侵略军攻入越南都城顺化，强迫越南封建王朝订立城下之盟。1883年8月25日，越南封建王朝的代表，在法国军舰的炮口下与法国签订了第一次《顺化条约》。

越南封建王朝也不顾法国的阻挠，向清政府寻求帮助。但是，这次越南失利使得朝野震荡，以李鸿章为代表的主和派又利用这个事件兴风作浪，两派又争执不下。

以左宗棠和曾纪泽为代表的主战派认为：一、从国际形势上看，法军侵略越南并不是一个细枝末节的问题，这是一个牵扯大局的问题；二、从地理关系上看，中国与越南的关系是"唇亡齿寒"，越南的存亡关系到中国的安危；三、从侵略目的上看，法军意不只在侵略我国南方地区，而是从南方地区打开缺口，一步步蚕食中国。

然而，以李鸿章为代表的主和派的态度也十分明朗。他们认为：一、如果清政府援助越南，就是与法国"失和"，而清政府一向兵力薄弱，海军又少，"不可与欧洲强国轻言战事"；二、中国若与法国开战，即使是战胜了，也难免法国更严重的报复；三、即使越南被法国吞并，也是将来的祸患，如果帮助越南，那一定会立即出兵。

在民族危亡之际，两派争论不休，清朝最高决策者也举棋不定。然而，派兵救援，中国力有不逮；坐视不管，又恐藩篱尽撤，后患将无有穷期。于是，在是否援越抗法的问题上，清廷举棋不定，既不愿卷入战争，又担心坐失事机，不可收拾。这种患得患失的心理，致使其虽一方面作出了保藩固边的姿态，派兵进驻中越边境，但另一方面又积极与法国交涉，希望有"转圜之机，或可借图结局，以省兵力"，既害怕法国得寸进尺，又不敢公开抵抗。所以，清政府做出了这样的决策：在军事上，一面派军队出关援助越南，一面又再三训令不准主动向法军进攻。这样就做到了两边都不开罪。在外交上，一面抗议法国侵略越南，一面又企图和法国达成妥协的协议。在对待黑旗军上，一方面派人联络黑旗军，接济一些粮饷、弹药，一方面又对黑旗军处处限制。

在这样的决策下，主战和主和两派的纷争终于暂时解决了。

9月22日，因法国侵略，越南求救，西南边境不安，又无有力将士带军，所以清政府命彭玉麟带旧部得力将士，并且酌量招募勇营，迅速前往广东，主持两广军务。

这样的行为给了在朝廷中据理力争的主战派一个交代，但并没有给彭玉麟一个交代。

其实，早在这一年的五月，当清朝廷命李鸿章去广东督办军务时，李鸿章因为贪生怕死，拒不前往，所以他极力主和。身为水师统帅的彭玉麟却不以为然。他目睹强敌压境，李鸿章力主不抵抗，因而彻夜难眠，焦虑不安，"真若芒刺在之背"。

彭玉麟虽身不在朝堂，但仍旧慷慨陈词，上疏朝廷，揭露法国侵略者侵华的本质与危害。他指出："法人独敢吞噬越南，志在窥视我滇边陲铜矿之利，各国坐观成败，先以法人尝试中国耳，然使法人竟独擅富强之利，则诸人又将因妒生忌，不令独占便宜。此情势之所必然也。"在这里，他一方面指出法国侵略者侵越的目的在于侵略中国，另一方面又指出各帝国主义根据在华"利益均沾"的原则，必均来华取利。因此他认为若不抵抗，法国侵略者必会"日肆欺侮，得寸进尺，摇荡边陲"，"今为之计，惟有协力同心与之决战。再容忍，成何国体……，除主战外，则无自强之策"。

彭玉麟心系国家安危，自然是不顾与同僚李鸿章对立。所以，清政府这样的决策也是成全了彭玉麟。但也并不只是这样。

这样的决策对于年过花甲的彭玉麟来说，确实并不算是什么好消息。原本简单、平静的生活又一次被打破。多年的从戎生涯给予彭玉麟的不仅仅是朝廷的看重和功名，还有一身的病痛。特别是身到晚年，多年的水师生活让彭玉麟的身体大不如从前。

彭玉麟却并没有因此而放弃报效祖国的机会。10月19日，彭玉麟知道消息之后，坐立不安的他便上奏清廷，奏报赴粤布置大略。虽然，他在中年时期犯下了种种杀戮，但是在晚年身体不适的情况下还能够挺身而出。这正是彭玉麟最值得人敬佩的地方。

清政府自然是欣然接受这样的结果，特别是彭玉麟的领兵能力是被清政府信任的。在经过一番准备之后，11月9日彭玉麟由祖籍衡州出发，前往广东。

这次的出发，成就了彭玉麟这一生的伟大。彭玉麟自然知道这次广东筹防并不比从前镇压太平天国起义轻松。但是，彭玉麟无欲无求，只希望在他有生之年能够看到清朝的百姓不再饱受战乱之苦。

事实上，彭玉麟此去广东，给中法战争带去了曙光。即使这样的曙光没能拯救得了懦弱的清政府，但是仍旧给嚣张的法国侵略军以当头一棒。

劝阻示告

彭玉麟对李鸿章为首的主和派的所作所为嗤之以鼻，多次上疏朝廷，力求整兵出战，这样的要求在懦弱的清政府看来，实在是犹如一剂强心针。所以，清政府迅速下令让彭玉麟前往广东整备军务。

最为难得的是，年迈体弱的彭玉麟得知清廷下令赴粤督师，"闻命即奋迅而往也。"他大义凛然地奏言："今广东防务吃紧，时事艰难，朝廷宵旰忧勤，臣一息尚存，断不敢因病推诿，遵即力疾遄征，以身报国，毕臣素志。前折即蒙恩准开缺，并除长江差使，臣亦万不敢辞此次广东之行，以免另简他员，往返迟延月日，致误大局"。

"一息尚存"的他，不忘在晚年帮助国家度过这一危机，也算是"毕臣素志"。

彭玉麟此时虽重病在身，但在外敌入侵、民族危机的形势下，仍力疾起行，率队前往。但是，此刻这样的决心并不是清政府真正需要的。这场出兵只是缓兵之策，因为主战、主和两派争执不下，又加之西南边境确实无可用之兵将，为了在形势上震慑法军，但是并不想招致法军的报复。所以，先派遣一个彭玉麟这样的强将安抚主战派，又再三训令不准轻易向法军进攻。

但是，这样的训令却没有被彭玉麟放在眼里。11月9日，彭玉麟由衡州出发，前往广东。在前往之前，彭玉麟就已经有了大致的制敌之策。彭玉麟不是郭嵩焘所批评的那种以言战歇动士大夫的人，他在前往之前就考虑到敌强我弱的问题，并且坦言"不敢言操胜算"。但他认为面对外敌入侵，必须坚决抵抗，否则任人欺凌，得寸进尺，危害更大；而战争的胜负也取决于各种因素，我方如能众志成城，通力合作，并非不能战胜法方。

对于熟读《公瑾水战法》的将才，彭玉麟自然懂天时地利人和的作战条件。为了创造"人和"——人心所向的效果，也为了鼓舞士气，彭玉麟想出了这样的办法。

在赴粤途中，彭玉麟拟定了"告外国商人"等告示，他指出："如果中法战争，所有各国船只皆宜守万国公法局外旁观之例，一概停止不得入口，违禁者即照万国公法取其船货。"这是他第一步的策略，他希望通过中法战争这样一场由法国发起的非正义战争，激起更多各国人民的抨击，他更想通过禁令外国商船进我朝这样的手段震慑外国侵略者。他认为："兵端自法夷开，穷兵黩武，掠地争城，欺侮太甚……曲在彼，直在我，不得已而用兵伐罪。"正义的战争能唤起全国人民的团结，能激起敌国人民的同情，能得到世界多数国家的援助。中法战争爆发后，全国人民一致要求抗战。法国人民也反对本国政府进行野蛮的侵略战争，成千上万的法国人民游行示威。在国际上，法国侵略者的行为又"实为万国所不容"。事态这样的发展，足见彭玉麟预见的正确。

这样的作为还是不够的。彭玉麟还在晓谕绅民举办团练的告示中号召广大绅民"法国若以师旅相加，定当决战"，请求士民认真团练，众志成城。团练成功之后，他又宣布只准视法国为仇，静以待动，听候调遣，再一次公开表明了对法国侵略者的态度。

彭玉麟看到了人民抗敌的巨大力量。自鸦片战争以来，中国人民就从未停止过反抗外国侵略者的斗争，这是彭主麟耳闻目睹的。所以他说："广东三元里团练义声，至今犹在。"而各省人民此起彼伏的反教会斗争则"层见迭出，亦见民间不平之气，不可遏抑"，"各省山陬僻壤，不乏英豪，闻与法战，莫不闻鸡起舞，共发雄心，愿效死力"，"官兵不足，民兵尚多可用"，只要"众志成城，通力合作，人定足以胜天，理亦足以胜数"。

彭玉麟在赴粤途中，广贴告示，首先是为了安抚民心。清政府内忧外患许久，百姓也处于水深火热之中。彭玉麟知百姓之苦，自是希望通过告示将消息散布出去，百姓能够心有所安。其次，他也希望百姓在心有所安的同时，能够升起心底的那份爱国责任感，积极参与团练。这实际上就是在为征兵做准备。因为彭玉麟初次在广东筹备防务，自然是难以服众，又加之广东地区百姓苦受兵乱之苦，兵力匮乏，彭玉麟只能在途中做好防患于未然的准备。

实际上，彭玉麟这样做的最终目的，就是得到民心。古语有云，"得道者多助，失道者寡助"。彭玉麟带军至今，自然是知晓其利害。彭玉麟希望这样的告示，能够起到激发百姓内心保护国家的渴望。即使是妇女弱孺，只要能够心有爱国热情，在战争中也能够起到一定的作用。

但是彭玉麟的这些抗敌主张一开始就遭到了李鸿章等人的反对。先是两广总督张树声以"粤中遍地教堂，睚眦之愤所在多有，剽轻浮动之民气，有触即发，朝张告示，夕必燎原"，

"禁止各国商船进口，且与谕旨不合"为由加以拒绝。紧接着李鸿章又请旨禁止。11月27日，彭玉麟在赴粤途中，拟告示稿，劝办团练，有食法人肉、饮其血、寝其皮之语，又禁各国商船入口。李鸿章以事关全局，要求总署禁止彭玉麟张贴此类告示，或者将彭玉麟调往他处。

事实证明，李鸿章作为北洋通商大臣，在通商的方面有绝对的发言权。在面对之前的外国侵略中，李鸿章罔顾国家命运，多次与外国侵略者签订了很多不平等条约，这使得李鸿章从中收取了巨大好处。战争危机结束，这也使得清政府一直被蒙在鼓里，一直十分信任李鸿章。在赴粤途中的彭玉麟自然是不如日日在朝堂的李鸿章深得朝廷信任，原本就本着患得患失心理的清政府在李鸿章的危言耸听之下，将彭玉麟的这一计策视为罔顾君威、犯上作乱的胡作非为。

下达了这样的禁令，李鸿章还是不放心。在李鸿章的再三阻挠之下，11月29日，清廷命彭玉麟毋庸张贴所拟仇杀法人及禁各国商船进口之告示，并由总署电两江总督张树声劝阻。最后清廷颁发上谕：毋庸张贴。彭玉麟这样的决策又胎死腹中。这样的结果使得正在运筹帷幄的彭玉麟对此颇为不平。

但是在赴粤途中，彭玉麟的不平是不足为外人道的。因为这次广拟告示，原本就是本着自己的心性，为了作战做的前期准备。但是，确实没有听任清政府的再三训令。在话语上失去了主动权的彭玉麟只得作罢，期望通过其他的方法。

彭玉麟能够在国家危难之际不顾年迈疾病挺身而出，这是朝堂之中许多居高位者难以做到的。但是，即使是这样的作为，在彭玉麟赴粤途中，也有那些居心叵测的小人为了一己之私，几次三番在彭玉麟救国的道路上设下阻碍。如此可见清廷源自朝廷中心的祸乱已到了怎样的地步。

所谓"此皆衅发萧墙，而祸延四海也"，大致就是这样的情况吧。经过多次阻扰的彭玉麟，只能暗自在心底叹息，感慨时运之艰难，扼腕长叹："巧妇作炊空妙手，征人无策遣愁衷"，"何时得奏金铙曲，一箭天山射白狼"。在还没有到达广东期间，彭玉麟的努力付之东流。但是，他仍旧没有失去信心。因为他坚信：若是众志成城，清朝百姓终究会战胜外国侵略者！

整顿防务

即使彭玉麟在赴粤途中经历了很多阻挠，甚至被禁令不准再张贴布告，这让彭玉麟的战前舆论准备胎死腹中，但是忧心南方局势的彭玉麟并没有因此而停下脚步。12月3日，彭玉麟行抵广东。这就意味着彭玉麟即将开始真正整顿军务、防备海防。

实际上，彭玉麟到达之前，清廷曾先后督促两广总督曾国荃和张树声认真筹办海防。曾国荃和张树声原是湘军水师的得力将领。但由于受李鸿章的妥协投降政策的影响，曾、张二人并未认真筹划。他们认为此战无可打之必要，清朝没有足够战胜侵略者的力量，所以曾国荃和张树声并不想真正做好防御准备。

曾国荃虽上疏声称"随时会商东西两省抚臣，督饬所属文武各员，将水陆边防事宜悉心规画"，但实际上，却以广东财力竭蹶为借口，加以敷衍。钦州、廉州两地均为战略要地，本应重点设防，曾国荃却以财力竭蹶为由，防务未做任何增加，还是原来的样子。后来又借口"越事现经少荃中堂与宝使商议，大局已有端倪，粤中防军自应酌量退扎，以示无猜之意"，"将廉、琼舟师及钦州陆军均暂时退回省城及虎门一带驻扎"。

由此可见，曾国荃的所谓规划，多属有名无实，所以张树声说他"自虎门至省城各要隘，不独当道诸公从未遣一员一将，并未遣一员一将查视"。作为广东巡抚的张树声，由于受李鸿章的影响，在继任粤督后，虽然对广东防务采取了一些措施，也只是在虎门至省城广州一路略作布置，而对虎门口外大角、沙角等多处要隘，则没有加以经营。

曾国荃和张树声虽为居高位的大臣，却仍旧没有将设防这样的大事放在心上。这是受清政府的态度影响，也是受李鸿章暗地里的指使。只有在这一地区的战斗失败，作为外务大臣的李鸿章才更有和法国谈判的可能。

12月11日，彭玉麟与两广总督张树声等乘船出海，驰赴虎门一带，到沿海一带考察地形，选择要隘防守，一起商讨海口形势。在这时，当彭玉麟到达广州后所见到的形势仍然是"虎门前敌两边崖岸旧有炮台林立，大半废而未修"。这使得彭玉麟心中十分焦急。

雷厉风行的彭玉麟见形势一片破败，他便快刀斩乱麻，率先在显要之地设置好炮台。

彭玉麟在虎门要塞实地勘察中，他发现前敌崖岸有旧炮台被废弃而未修，敏锐地意识到"我弃之则无用，夷人得之则有用"。随即他便派兵营分途扼守，堵塞该处防守漏洞。巡视虎门一带海口时，他又发觉虎门以西大小虎二山"炮台久废"，对于东威远山炮台"尚少游击之师"，正面横档二山炮台"孤悬海上"以及鹅嘴山定洋炮台"炮位稍逊，兵力略单"等问题，他也分别采取了相应的补救措施。

当时，和他一起去勘察的议者认为：虎门辽阔难守，不如退守黄埔。但彭玉麟却不以为然。他认识到虎门以外即零丁洋，大海浩瀚无涯，无论帆船轮船，必须沿着虎门一线前进，必经之地就是沙角山下。由此他认为如果沙角以及与沙角成对峙之势的大角西山能够严加防范，虎门就可守，虎门可守则广东全省安全无虞。据此，他主守虎门并沙角大角两山，提出了"与其以重兵守后路，似不若进扎前路要隘"的战略防御思想。他又令八营重兵驻守沙角与大角，将两山之上的旧有炮台全部修复，配备刚从德国克虏伯厂购得新型巨炮，又派遣士兵在炮台后开辟山洞土巷，暗通小门以藏士兵，用来在临事时潜伏奇兵，出敌不意，乘间狙击。他下令在炮台外堆海沙，高度和炮台一样，临时用水淋透，用来抵御炮弹。

彭玉麟认为虎门地形重要，守住了虎门，省城便可无虞，因为将虎门作为广州的第一门户。虎门至常州入省的水路总口，就成为广州的第二门户。他又下令将虎门的沙角、大角的旧有炮台修固，且购买洋炮安置此二处。再在可通向广州的十多里的内河上安放木排、木舟，万一敌舰闯入内河，即塞其路，形成关门打狗之势。彭玉麟又派王永章驻鸟村、委云庆驻虎门、王孝祺驻大黄落、王之春驻海心冈、昊宏洛率淮军驻常州，有力地加强了广州沿海的布防。

从布防的情况，我们可以看出彭玉麟认真严谨的工作作风。作为一名优秀的将领，他能够考虑到他人难以看到的长远。或许，这就是在他的带领下，中法战争中清兵也取得了几次胜利的部分原因。

接下来，彭玉麟根据战事的发展，考虑琼州（今海南省海口市）孤悬海外，距越南北部较近，为法军必争之地。于是在1884年旧历三月调驻守广州的王之春、郑绍忠带军前往驻守，琼州守军增至六千余人；又考虑到北海、龙门与琼州隔海相望而守备空虚，随即命令高州镇总兵高得禄募壮勇二营驻守广西的钦州、廉州，并统辖驻守东兴的黄得胜部。至此，即与办西路团练的冯子材、李起高遥相呼应了。他又在大角、沙角附近海面布防了二十多艘配备大炮的兵轮，以加强防御。由于彭玉麟采取了这些有力措施，广东沿海实成金城汤池。他们加强部署，在水陆两路节节设防，使省城的防务大大加强，较前远为严密。

除了省城外，张之洞和彭玉麟还把防务扩展到广东沿海的琼州、潮州等地，建立起一个军民联防的庞大防御网络。当然，张之洞和彭玉麟的抗法斗争不仅仅局限于广东一省，他们还放眼全局，关注战争的进展，并相应采取措施、提出对策。如他们在"法人专注闽口，聚集多船，闽防日紧"的情况下，破除省域之见，筹拨10万两银子，派补用游击方恭率勇五营，驰援福州。

彭玉麟想要建立起这样一个军民联防的庞大体系，是需要民众的配合和足够的兵力。但是，彭玉麟在赴粤途中号召百姓保卫家园的活动失败了。在广东，彭玉麟又迅速想出了一条计策。

彭玉麟积极发挥民众抗敌的作用。面对广东兵力不足的现实，他认为全省义愤果敢之士很多，"民心坚固，未泯天良，官兵不足，民兵尚多可用"，决定细选当地公正廉明绅士快速发展团练，按照陆营规制给予口粮，认真挑选营官统领勤加操练，严定赏罚，无事则主守以保乡邻，有事则主战以报效国家，有功者保奖，伤亡者赏。

彭玉麟鼓励乡里百姓参与团练，无事可保乡邻不受匪盗相欺，有事可用来保家卫国。然而，这只是解决了用兵之难。作为一个优秀将领，要想打胜仗必须出其不意。所以，彭玉麟又创立了他的奇兵——渔团。

他深信"虽今日之外夷其将才兵力、船坚炮利迥非道光年间可比，而先事预防，主客异势，以精练之营勇为正兵，以各乡之联团为援应，未必竟不足相持"。因此，在沙角一带他办起了渔团，内雇红单船二十只，配齐炮位，分泊沙角、大角，以便水陆相依，在直通省城的内河两岸，鉴于孤军"尚形单薄"的现状，他充分发挥民团的作用，"一旦寇船若闯入内河，则守口炮台一面轰击，一面以预行备用之木牌敝舟沉塞其去路，省河沙口一带木排绵亘十余里，皆可应急需也。归路既塞，然后乘风潮，悬重赏，用火舟水雷以夹攻之，可创敌矣"。当他查得虎门以西海如、新会、香山、顺德等县所属之横门、斗门、崖门、蕉门、虎跳门、江门等口四通八达、港汊纷歧和法国轮船、铁甲舰虽不能直驶而入、小轮船则随时可以登岸的情况后，又通过大办渔团、乡团来解决，拨给他们枪械等武器，颁发有关章程，"有警则据守险要，以捍外侵"。

经过彭玉麟在军事上的布防和兵力的调动，同为主战派张之洞也说："雪帅一到五羊[①]，民心顿定，士气顿雄，广州省城俨若有长城之可恃，奈何驱之海隅也。"正因为了有了彭玉麟的防守，尽管法国兵轮不断游弋于香港、澳门海面，但始终不敢进犯广东。

对于"屡挫凶锋，馘其枭帅"、有上佳表现的刘永福及其黑旗军，彭玉麟并不在乎他们的出身。他认为不应抱有成见，

---

① 五羊：广州的代名词。

任其自生自灭，而应授以官职，给予合法地位，并接济其军火、饷银，作为我方抗法力量的有益补充。

除了军事上严密的布防，彭玉麟对于吏治也有他自己的看法。他强调说，"能知人而后可以察吏，能察吏而后可以安民，能安民而后可以治内，能治内而后可以攘外"，认为如果调兵设防是治其末，塞其流，而"内不治而欲以攘外，臣固未见其可也了"。

据此，彭玉麟提出了一条"至公至严"的官吏任免考察原则："公则不可干以私，严则无所容其弊，所用者或试而不效，或更有劣迹，立即撤之、参之。"认为如此则"声名之优劣、才具之短长，不难了然在目，而又随才器使，位置得宜，隽异者庶脱颖而出，如是可无乏才之叹，亦无拥挤之虞矣"。他相信官员升迁如果举措得当，"而民心悦服，外患不足忧矣"。他还相信"官清民安，祸乱不萌"，因此在他权力所及范围内，严禁官员"收受供应，节寿礼以及门包等费用"，严禁官员以"捐摊名目"巧取于民。他严正告诫各级官员，如不自爱，"视民如鱼肉者，立即严参究办"。

在此过程中，张之洞再次见识了彭玉麟以身作则、勇于赴难的名将风范，还有公正严明的为官态度。他后来回忆说："虎门曩为广州前敌，黄埔为次敌，前粤督以淮军守黄埔，以水师提督率粤军守虎门。提督怨之，以致粤淮交恶。公于虎门外沙角、大角二山筑炮台，自督湘军守之。粤淮两军皆愧服，听指挥，无异词矣。"

彭玉麟在初到广东之际，便下令整顿得如此之严厉，这是一个好的开始，但是，后事究竟会如何发展呢？

西贡之计

自彭玉麟在广州筹防以来，法军见广州防务准备精密，无可趁之机，只好避其锋芒，选择清朝其他防御薄弱之地侵犯，所以广东终无战事，而中国军队在越南战场上却接连失败。在山西①失守后，北圻形势更加紧张。虽然彭玉麟只是身为主持广东军务的统领，但并未只安守广东。

光绪十年（1884）1月2日，距离彭玉麟来到广东已经一月有余了，法军不愿碰广东这块铜墙铁壁，竟扬言攻打琼州，清廷听闻消息之后立即命彭玉麟迅速前往择地驻扎，加强琼州防御。实际上，彭玉麟在考虑布防时便已经考虑到了琼州，1月7日彭玉麟便上奏清廷，已派兵前往驻守琼州。

实际上，这是法军的缓兵之计。此时的法军暂时放弃了防守严密的地区，将主力放在越南的北圻，这时清政府也派遣了由云南布政使唐炯统领的滇军和由广西布政使徐延旭统领的

---

① 山西：越南地名，位于红河南岸，是控制红河中上游的战略要地，今属越南直辖市河内。

桂军分别驻守山西和北宁。但实际上，唐炯深受李鸿章的影响，消极对待法军入侵，竟将山西守军撤走，黑旗军成了一直孤军，缺少粮饷、弹药的黑旗军在法军的猛烈攻击下英勇抵抗了五天。最终，黑旗军实在是寡不敌众，山西失守。徐延旭则是个空有满腔热血的将领，对军事一窍不通，并未真正上过前线。3月20日，法军长驱直入北宁时，惊慌失措的徐延旭带领部下迅速逃走，将所有的银饷、军械都送给了敌人。北宁就是这样荒唐地失守了！3月19日，法军攻陷太原[①]。4月12日，法军又侵占了兴化。

一系列的战报传进清廷。朝廷之中的主战派纷纷摩拳擦掌，但是主和派却以此为由要求清廷派人议和。在广东筹防的彭玉麟一直在关心着中法战争的发展趋势，也一直在谋求解救之法。

作为坚挺主战派的彭玉麟在分析了中法双方的形势之后认为，法国之所以日肆猖獗，是因为法国占据西贡多年，有可靠的后方，进可以攻，退可以守，故有恃而无恐。中国要改变被动局面，光靠被动设防是不行的，"必须用间出奇，以假虞伐虢之谋，为围魏救赵之举，大局庶有转机"。在这样的策略下，他认为可派得力之员，潜往该国，暗中联络当地华人，助以饷械

---

① 太远：越南地名。

然后乘间出兵，采取里应外合之法，袭取西贡老巢，这样法国便失去了可靠后方，中法战争的形势定可逆转。

暗结暹罗①，进取越南。这是彭玉麟经过细心考察了暹罗与中国、越南在政治、地理以及历史上的特别关系后，才提出的方案。首先，法国吞食越南，是以西贡为根本，而西贡与暹罗接壤，因此从暹罗进取越南，在地理条件上实为有利。这就是法军为什么跨洋过海来到亚洲侵略而久久不衰的原因。其次，中国在清朝前期和暹罗彼此友好往来。后暹罗被缅甸所灭，但广东籍人郑昭率众复国，此后其子孙"只尊中国，而不知有他国。用汉人为官属，理国书，掌财赋，皆粤人为多"，"谈及法越之事亦为不平，且引为伊国切肤之患"。由此说来，本就属于清朝子民的广东籍人在暹罗多为官，并且为数众多，彭玉麟想这样派人沟通便不成问题了，里应外合之计便一定会成功。因此，从政治、历史关系上来说，暗结暹罗对帮助越南也是极为有利的。

彭玉麟在想出了这样的策略之后，他又悉心思考了这个策略的可行度。他认为，此举宜速不宜缓。因为法国侵略者诡计多端，久恐生变；且越南此时天气炎热，瘴病多发，对我方有利，对法军实为不利。只待一声令下，就可"由暹罗潜师以袭

---

① 暹罗：中国对今东南亚国家泰国的古称。

西贡，先覆法酋之老巢"。所以，1月7日彭玉麟上奏清廷，主张暗结暹罗，袭取西贡。

这样精密的策略已是一朝臣子为战事日夜思索的成果，但是彭玉麟却万万没有想到最后的结局。

彭玉麟虽然报国心切，枕戈待发，但可惜他不是最后决策人。是否暗结暹罗，规取越南，决定要清廷做出。然而，不在朝堂的彭玉麟并不知朝堂之中，主和派的所作所为。原本就容不下他的李鸿章等人更是以此暗讽他的策略。

最终，清廷的上谕全盘否定他的主张。决策者认为法国在越南根底甚固，而中国无"坚轮巨炮"，所以此法绝不能行，并指责他"多采近人魏源成说，移其所以制英有转血图法。兵事百变，未可徇臆度之空谈，启无穷之边衅。悦机事不密，先传播于新闻纸中，为害尤巨"。实际上，清廷是见此时法国与清廷并未真正交锋，抱着侥幸心理，并不想轻易与之开战。对自身军事力量不自信的清政府更不会答应做帮助西贡解放的事。李鸿章等人也在朝野中大肆宣扬投降讲和之说，愿意息事宁人的清廷自然是不愿意相信这样一个体弱老臣。

对于此种无理责难，彭玉麟并不气馁，他在另一份奏折中仍然表示，愿领所属部队出关，会合岑毓英、潘鼎新等妥善商量，分途并进，收复山西、河内、北宁等失地，"抚藩服以安边围，逐岛夷而振国威"。

彭玉麟年过花甲的年纪，答应赴粤布防已经是需要极大的勇气，但是，见国家安危在一线之间，身为清朝的将领，彭玉麟并不愿置身事外，愿意以自己残弱的身体和尚且能够派上用场的统领之能，带兵收复失地。就是这样诚挚的愿望，在清廷看来，只是以卵击石之说。

事情并没有彭玉麟想的这般简单，朝廷还是没有答应他的请求。

主战遭拒

一心致力于筹防事宜的彭玉麟万万没有想到，自己拖着年迈体弱的身躯来到广东筹防，就是希望能够在危难之际为国家送去一份安宁，即使是这样的想法也不能被朝廷赞成。在朝野之中一直都有不同的声音去阻挠他，甚至，做出了这样的举动。

5月11日，李鸿章与法使在天津正式订立《中法会议简明条约》。

受越南战场连续失利的影响，法国趁战后的形势，加紧向清朝政府诱和，企图用一打一拉的手段，逼迫清朝政府承认法国在越南的地位，并且在中国攫取更多的利益。法国的议和要求，通过德国人德璀琳之手，传到李鸿章手里。

清朝的真正统治者慈禧太后在恐慌的同时将越南战败的责任推给首席军机大臣恭亲王奕诉的身上，完全没有再战的想法。与此同时，法国海军中校福禄诺在提出议和要求之外，还威胁清政府说，如果清廷不答应这些条件，法国就会在一个月内，派三四万军队前往北圻，调遣铁甲舰十多艘、兵船一大队，前往清朝沿海进攻。那时候，和清廷解决中法问题的就是法国的舰队和炮弹了。

李鸿章极力劝说清政府，为福禄诺说清，说他过去曾为北洋海军制定章程，与他有"一日之雅"，他提出的条件式不会使中国吃亏的等。恐慌无措中的清政府在李鸿章的蒙骗下，调开了一心想要迎战的曾纪泽，派遣李鸿章同福禄诺进行谈判。西太后甚至严令李鸿章不可"迁延观望，坐失事机"，要他迅速达成协议。

就这样，丧权辱国的《中法会议简明条约》就这样签订成功了。条约规定清政府承认法国与越南订立的条约，中国同意在中越边界地区开埠通商和从越南北部撤军等内容。而远在广东的彭玉麟却无力阻止这一事件的发生。

李鸿章一伙投降派在战争进程中，不止一次地向法国侵略者妥协、求和。彭玉麟则不止一次地与他们作针锋相对的斗争，反对议和求降，且警告他们如"徒顾目前之苟安，必贻日后之隐患"。可惜，这样的警告并没有奏效。

在和约签订的十一日之后，5月22日，彭玉麟上奏清廷《力阻和议篇》，力阻与法国和议。在这封奏折中，彭玉麟全面而系统地提出了他力阻和议的五条理由。接着，彭玉麟又从揣敌情、论将才、察民情、采公法、卜天理五个方面，阐述主战的理由。

在奏折中彭玉麟向清廷指出他力阻和议的理由，主要有五条：（一）法国入侵者无端生衅，迄今并未大创，若与之议和，不能张国威示天下，清廷又难逃懦弱的形象；（二）法国入侵者既未受创，即提交议和要求，是必中藏诡谲，或怠我师，或缓我谋而误以多方，若与之议和，隐害无穷，与我国有万害而无一利；（三）法国入侵者唯利是图，忽弃日前所索巨万之费不言，但言越境通商，恐将来必有十倍取偿于后者，若与之议和，实为掩饰目前企图，而为将来图谋不轨；（四）法国入侵者肆意掠夺，堂堂中华，不顾他们路途遥远，不问其罪，转降心相从，就与之议和。"使之此次得志而效鞑法夷者，必猖猖然环向而起，是款一法夷而转来无数法夷"，野心勃勃的各国见清廷软弱，则像法国一样滋生事端，后患无穷；（五）云南物产富饶，五金之矿，翠玉之璞，艳称于世，久为西人所垂涎，若与之议和，必定答允其在内通商，若日之长久，西南边境广传邪教，羽翼渐丰，百姓大一统之心何在？

很显然，这些理由是令人信服的。对于和议必将导致"损国威""酿边患""群谋日滋"等种种危害的预言定会变为现实，即是明证。奏折之中也可见其敏锐的洞察力和先见之明。既然不能和，就必须战，他又从揣敌情、论将才、察民情、采公法、卜天理等五方面阐述主战的可行性。若论揣敌情，他认为中国如果全力与法国决战，审慎用兵，斩其后盾，远道而来的法国军队必难以立足。若论将才，他认为万事之成否，则必在选官用将，"若及时精选宿将，俾讲求以柔克刚、以散敌整之法，以尽其长"，足以让边境安定。若论察民情，他以道光年间广东三元里民众抗英为例，"义声至今犹在"，各省山陬僻壤也"不乏英豪，闻与法战，莫不闻鸡起舞，共发雄心，愿效死力"，"所幸民心坚固未泯天良。官兵不足，民兵尚多可用"。民心如此，多加利用便足以保江山。若论采公法、卜天理，他则强调了"多行不义必自毙"的道理，坚信"公法""天理"都在中国一边。法国无端出兵，本就违背了各国和平稳定，天理难容。这些议论足见一个在广东筹防的将领对国家命运的担忧。

实际上，在还未赴粤筹防之前，彭玉麟就看清了清政府的软弱性，这次李鸿章与法国签订和约，更是激起了彭玉麟内心的爱国思想。于是，他接连上疏主张抗战，并与主和派进行了针锋相对的斗争，旗帜鲜明地提出了"可战不可和"的主张。他痛斥当事者"以和为得计"，领兵者"以和为固然"，使得边疆要隘以屡和之故"武备松弛而不修"，一旦列强环起与我为难，"其时财用既匮，兵气不扬，天下大局将有不堪设想者"。他在奏折里动之以情、晓之以理地向清廷阐述了不能议和的理由。他认为只有命将出师，与之决一死战，此外别无自强之策。

这样的自强之策，在已签订议和条约的最高统治者看来，只是徒增笑谈的跳梁小丑自娱自乐的游戏。清廷中的决策者，西太后慈禧在李鸿章议和之前秉着不可错失"良机"的心态，情愿丧失几分主权，也不能失去祖宗留下的基业，却没有考虑到主战将士和愤慨百姓的心理。不义之师无端进军，还未战，便先"丢盔弃甲"的行为实在是令人痛心疾首。

作为主持两广军务的彭玉麟此时也别无他法，身为臣子，只能听信于朝廷，这是他的使命。

马尾惨败

在《中法会议简明条约》签订之后，彭玉麟向清廷据理力争对抗法国的无端进军。但是，渴望大事化了的清政府却拒绝了彭玉麟作战的请求。卖国求荣的李鸿章在朝堂中将一众大臣蒙骗，在签订了这样丧权辱国的条约之后还沾沾自喜，自以为狼子野心的法国侵略者真能够依照和约放过清朝这块嘴边的肥肉。

事实证明，法国侵略者的欲望是没有止境的，清朝政府的妥协投降，并没有换来它所希望的"和局"。正如彭玉麟在奏折中预言的那样，法国侵略者不满足于小小的通商条件，只是通过这样的条约使清廷放下戒备，以图谋着更多在华利益。

1884年6月12日，法军无端来到谅山旁的屯梅、谷松一带骚扰，竟然称是"巡边"。《中法会议简明条约》签订之后，戍边军队对这样的行为大为恐慌。新任广西巡抚潘鼎新，是李鸿章的心腹，自然不愿意与法军过多纠缠，便立即向总理衙门报告。他要求把驻守谅山的防军撤回边界，避免与法军开战。清廷接到潘鼎新的报告后，认为马上撤退驻越防军，未免有损于

"威望体面"，因此下令防军驻守援助，不准退后示弱。

这只是这场事端的开始，接下来让清廷没有想到的是：6月23日下午，法国侵略军七百多人逼近谅山前的观音桥滋生事端。守军派代表前去通知法军：没有收到撤退的命令，请暂缓进军。但法军蛮横无理，竟声称不论和与不和，三日内定要谅山，并要求戍边清军要么投降，要么退到中国境内。法军在威胁中杀害了清军代表，炮轰清军阵地。守军忍无可忍，被迫还击，打退了法军的猖狂进攻。但是，法军仍旧没有放过这次机会，在第二天，法军又打上门来，虽然昨日已将法军打退，但是清朝守军忆起昨日流血情形，更加不愿轻易放过法军，再一次将法军打退。连续两次法军都被打得狼狈逃回驻地，这就是历史上的谅山事变。

这次事变，是真正意义上清朝官兵对抗法军以来的一场小胜利。但是，这场胜利却对中法战争之后的发展有了一定的影响。法国侵略者见此次谅山挑衅失败，恼羞成怒，以此为由反诬清政府单方面破坏《中法会议简明条约》。这是法军在签订和约之后第一次暴露出他们的狼子野心。实际上，若是法军强行攻破谅山，法军还是会找其他理由破坏《中法会议简明条约》。

在清朝战胜的情况下，清政府仍旧卑躬屈膝地请求法国政府的原谅，并且向法国新任驻华公使巴德诺提出了邀请，请他到天津与李鸿章商议谅山事变。巴德诺对这一邀请根本就不予理睬。在这之后，7月14日，法国军舰趁中法议和的机会，以

"游历"为名，驶进福建闽江口。巴德诺在海上进行威胁，如果清廷不答应法国的条件，就会挥兵消灭福建海军，摧毁马尾船厂，并占领福州。

巴德诺所说的条件便是，清军立即向北圻撤兵，赔偿法国兵费两亿五千万法郎，不然法国就将直接"自取押款"。所谓"自取押款"，就是占领中国沿海一两个海口，作为赔款的抵押，直至愿意付出全部赔款为止。

在这种情况下，彭玉麟在给朝廷的奏折中明确指出：法军"果由厦门北上，其必虚声恫喝，要挟无厌，事在意中"。他建议慈禧太后立即传令李鸿章"务须正词拒绝，折彼奸诈，万不可就其狡谋，许以兵费"，如"徒顾目前之苟安，必贻日后之隐患。若夫损国威、糜巨帑，又不待言矣"。

懦弱的清政府准备再一次妥协，在一个月内撤退驻越防军。为了表示求和的诚意，清政府任命两江总督曾国荃为全权大臣，前往上海与巴德诺谈判。原本就是投降派的曾国荃在李鸿章和巴德诺的怂恿和唆使下，曾国荃最后答应以"抚恤"的名义，赔偿给法国白银五十万两（约合三百五十万法郎）。这与法国原本期望的数目相差太大，怒气冲冲关上了谈判的大门。

中法第二次谈判就这样破裂了，中法战争进入了第二个阶段——中法海上战争。还是光绪十年（1884年），8月23日法东京舰队司令孤拔指挥法舰突击马尾江福建师船，中国舰船全部被击沉，水师官兵伤亡数百人。

实际上，这次战争是在投降主义的罪恶指挥下失败的。原本在法国舰队准备作战前，分秒必争的危急时刻，被告知法军作战计划的福建船政大臣何璟封锁了法军对福建海军作战的消息，并向海疆大臣张佩纶和福建船政大臣何如璋建议：在回递战书时，请求法军更改作战日期。但这一请求，遭到了法东京舰队司令孤拔的拒绝，清军慌忙之中，才准备迎战。在法军舰队袭击福建海师时，福建水师都没有做好迎战准备，只有被迫挨打。最后，福建海军的全部家当军舰十一艘、商船十九艘，统统被击毁击沉。

除了福建海军指挥错误之外，其余舰队作壁上观，不施与援手也是这次战斗失败的原因。除了福建舰队之外，当时的清廷还花了大代价组建北洋舰队、南洋舰队。但是这三支舰队，分别掌握在左宗棠、李鸿章、曾国荃的手中，三支舰队势如水火，形同敌国。三个人都将舰队当作私人实力，当作巩固自己地位的资本。在福建舰队遭受法军炮火时，李鸿章借口北洋舰队要守卫津沽门户和旅顺要塞，拒绝调遣海军舰队支援。曾国荃见此情形，也是不管不顾，不加任何救援。原本有力的海军力量就因这三个各自为政的派系中分裂，让侵略者有了可乘之机，以致发生了这样的惨剧。

这时的彭玉麟身在广东，能够感受到福建海军失败的那份惨烈。但是，他并非舰队的统领，对于这样的战事他也无权置喙。加之，10月8日，因刘铭传奏，长江、太湖水师应当立即改制，清廷下令命彭玉麟等人将刘铭传所陈各节悉心会商，妥议具奏。原本就为海军战胜悲痛的彭玉麟，又被清廷安排了水师改制的事宜，彭玉麟更没有机会再去悲痛失去的东西。11月15日彭玉麟上奏清廷，认为长江、太湖水师一时未能改用轮船，长龙、舢板不宜裁减。这是彭玉麟为长江水师力量的考量，因为边防吃紧，长江水师力量也成了守卫边关的一大重要力量。福建海军全军覆没的情况更加提醒了彭玉麟，不仅要有先进的船只设备，更要有坚定的作战信心。正临多事之秋，朝廷国库吃紧，彭玉麟不求水师在船只上能有先进的轮船，但至少不应该裁减长龙、舢板等一般作战工具。

彭玉麟身在第一线，却一直并未得偿心愿为国作战，朝廷

中法战争镇海之役胜利纪念碑碑文

也一味委曲求全。这使得彭玉麟心有不甘，却也无奈。

在这一年的冬天彭玉麟为郑观应的《盛世危言》作序，指出："我朝怀柔远人，海禁大开，亦当知某国何以兴，某国何以衰。知己知彼，洞见本原，方有着手之处，岂徒尚皮毛、购船炮而已乎？"从这短短几句话，就可见彭玉麟心中的满腔热情和愤懑不平。

抗法复关

自光绪十年（1884年）8月26日，马尾海战失败的消息传到北京，清朝政府才被迫正式宣布对法作战。中法战争又进入了一个全新的局面。

法军继马尾海战胜利之后，气焰越来越嚣张，一方面通过过硬的军事力量打压清朝兵力，一方面又企图通过引诱议和的方式胁迫清廷妥协并答应他们的无理要求。

法国侵略者的海盗式行为，激起了中国人民的愤怒。东南各省掀起了驱逐法国天主教传教士的群众运动，香港工人和居民举行罢工罢市斗争，不准法国利用香港作为进军内地领土的补给基地。人民的呼声让清政府重新正视了中法战争。

8月30日，原本想攻下福州的法军舰队另寻他法，全力封锁和进攻台湾。在10月1日，攻下基隆之后，时任法国内阁总理茹费理又向清廷叫嚣：如果再不赔偿兵费，就将永远占领台湾。在这万分紧急的时刻，台湾各阶级人民纷纷起来进行抗法斗争，与当地守军联合在一起，一再击退法军。但是，法军为了以此要挟清政府，增兵至台湾进攻，台湾守军致电李鸿章，请求他派遣军舰前来救援，李鸿章以"法船击毁闽船不过数刻，万难与敌"为由，拒绝出兵。这样一来，台湾便危在旦夕了。

在广东的彭玉麟见台湾情势危急，也是焦急不已。光绪十一年（1885年）3月6日，同在广东筹防的彭玉麟、张之洞上奏清廷，分兵四路，大举规越，以援台困。针对法军围困台湾导致台湾危急，他们指出台湾孤悬海外，受强敌围困，自然应该设法突破封锁，竭力援助，但真正要缓台围而振全局，只有采取围魏救赵之计，攻法所必救，也就是力战越南，夺回失地，"越圻渐恢，台围自解"。这是中法战争中，彭玉麟又一次提出的具体的作战计划。这时候的清廷已经有了清晰的作战计划——在沿海加强防御，采取守势，将主力放在越南发动进攻：西线的黑旗军、滇军出宣光，下太原；东线各军自谅山南下，进攻琼江；然后两军会合攻取北宁和河内。

有了这样的作战计划，彭玉麟心中的愤懑便不像曾经那般深刻了。张之洞原本因为彭玉麟再三请辞而认为彭玉麟志向清高。一个正值壮年的封疆大吏，和一个年近古稀的久戎大将，两人之间有着太多的不同。但是，经过共同相处，张之洞与彭玉麟有着英雄相惜的感受。两人在主持军务上也更加融洽。

彭玉麟和张之洞在向清廷上疏的同时，就已经将选将事宜考虑好了。由于在越南抗法的清军除了刘永福率领的黑旗军，就只有云南和广西两省军队，兵力薄弱，不足以对法军构成威胁。张之洞与彭玉麟在一番考虑之后，决定起用老将冯子材，分东西两路、派四支广东军队入越作战。

冯子材原本就是广东人士，在太平天国时参加过"天地会"，之后被清廷招安，后来因为战功，升官至广西提督、贵州提督。戎官出身的他因为在官场受到排挤，1882年，便已经告老还乡。但是，彭玉麟思及他有过率兵的能力，又有保家卫国的壮志，便任用他上中法战争的战场。"烈士暮年，壮心不已"，老将冯子材也确实没有让彭玉麟和张之洞失望，在很短的时间内，他组建起一支拥有十八营的军队，名为"萃军"，这支军队成了守卫镇南关的劲旅。

西路由唐景崧带领六营，会同滇军和刘永福黑旗军进攻宣光。东路冯子材统十八营由钦州、上思州出边入越，向那阳进发；王孝祺率八营从龙州出关入越，向谅山进发；莫善喜、陈荣辉带八营由钦州东兴出边，向海阳进发，配合桂军作战。这四支广军分道进攻，遥相呼应，在越南战场上战绩颇佳。彭玉麟和张之洞也希望这四支部队能够在越南战场上起到制约作用，解救台湾的燃眉之急。

事实上，这四路大军带给彭玉麟和张之洞很多的惊喜。西路取得临洮大捷，东路则在冯子材、王孝祺两军的苦战下取得镇南关、谅山大捷。镇南关、谅山大捷威震中外，"是为中国与外兵交锋始称战胜之一次也"。

在彭玉麟和张之洞上疏不久之后，3月23日，计划中的四路大军之一——由冯子材率领的东路大军就给了彭玉麟第一个惊喜。法军三路进扑镇南关，冯子材等清军将士奋勇抵抗，大获全胜。

在当时的情况下，作为李鸿章安排在前线的爪牙——广西巡抚潘鼎新，表面上受两广军务负责人彭玉麟、张之洞的指挥，实际上，执行李鸿章破坏抗战的密令。在前线的潘鼎新先是进行了一番"选将练兵"。原本战斗力强的桂军被裁减，新招的远道而来的将士又不能适应南方的气候，战斗力锐减。整个军营又被安插了过多亲信，党派斗争严重，军营完全处于瘫痪状态。加之，整个军队驻扎在谅山消极避战，一直没有任何作为。

1885年初，为制约在越清军，法军增兵至越南战场。因为

苏元春修复的镇南关关楼

清军联合作战能力差，法军在两月连续攻下几座城池，在离谅山只有十公里时，领将潘鼎新才下令采取反击措施，战机已失，加之兵将战斗力低下，一经交火，胆小如鼠的潘鼎新就率兵放弃谅山逃回了镇南关。谅山就这样轻易地送给了法军。

越南战场的清兵连续败退，乘胜追击的法军在2月23日，便攻破了清朝的南大门——镇南关。在边关人民水深火热之中，由冯子材率领的萃军和王孝祺率领的勤军到达前线。在镇南关大战之前，由刘永福率领的黑旗军和滇军在西线猛攻宣光，导致宣光之内的法军被围。这时候，法军见局势不利于自己，便派兵前往宣光解围。这样一来，法军的主力都被吸引到西线去了。东线的法军数量不多，长久进军造成士兵疲劳，加之萃军和勤军的到来，给了他们太大的压力。经过排兵布将的清军在愤怒之中一举收回镇南关。被打得四下奔逃的法军疲惫不堪，逃回谅山。想要出其不意的冯子材下令乘胜追击，取得了节节胜利。冯子材等于3月29日率部大败法军，克复谅山城。

镇南关大捷之后，法军在军事上陷于一片混乱，对越南和清朝的军事打击都告一段落。在这时，对于清廷和越南的另一条好消息也传来。3月30日，巴黎市民举行大规模示威游行，反对政府侵略越南。因为侵略战争的需要，每天都要支出巨额军费。对于这场不义之战，法国人民再也不愿沉默，成千上万的示威群众聚集在议会周围。最终，茹费理提出辞职，内阁倒台。这场非正义战争因为政治混乱的局面，更加扑朔迷离了。

镇南关和谅山的胜利扭转了战局，直接导致法国内阁的倒台，并向清政府求和。清政府也乘胜收兵，接受议和。张之洞、彭玉麟闻讯，均很诧异，表示强烈反对，可无济于事。

和议停战

1885年3月，被彭玉麟任用的冯子材确实没有让彭玉麟失望。镇南关大捷扭转了整个中法战争的局面。清军进入越南作战，收复谅山、文渊等地。可就在这直捣黄龙、胜利在望的关键时刻，清政府不仅没有组织进一步的战略行动，反而在取得胜利的情况下，屈辱地结束了战争。

实际上，在清政府宣告对法国进行战略反击的时候，原本就是抱着被迫的态度。因为马尾海战的失败、台湾岛的封锁，各地人民带着愤怒的心情纷纷自发组织起来进行抗战，这样的局面迫使清政府对法国宣战。但是，原本就想息事宁人的清政府并没有打到底的决心。

清政府一直担心在中法战争中会爆发农民起义，这样会威胁到自己的统治。但是，对于法军无端侵略，清政府却像吃了救心丸一样放心，只要满足法军的要求便不会失去统治。这是由清朝的矛盾决定的。因为清朝黑暗统治与人民大众的矛盾是一直存在于社会当中。清政府一直对于这种农民起义都抱着严厉打击的态度。为了平息民众的怒火，清政府被迫宣战。但是，毕竟战争有着太多不稳定因素，清朝决策者还是担心在战争中，农民起义崛地而起，意图推翻清朝统治，这样，同时面临内忧外患，清政府的兵力便捉襟见肘了。

加之，在镇南关大捷之后，主和派的代表李鸿章，更是借此机会向清廷警告：若是战争再这样继续下去，清廷会被战争拖垮，也可能发生"兵变""民变"。但若是想要求和，现在法军大面积败北，正是求和的好时机，在自己的争取下，或许，求和的条件便不像之前那样苛刻了。李鸿章极力劝阻清廷再次出兵，力求讲和。

经过李鸿章的极力劝说，清廷在担心内战的情况下，宁愿向法国妥协。在之后，清廷不断地向法国试探求和条件，法国见清廷有求和意向，便采取原来边打边拉的手段，引诱清廷讲和。

除了法国的态度蹊跷之外，英国、美国、德国等西方国家为了自己的利益，也打着"调停"的幌子，一再怂恿清廷向法国讲和。西方国家为了争夺在华利益，另一方面不愿意法国独占清朝，一家独大；一方面不愿意看到中法战争以清廷的胜利告终，这样影响资本主义各国在清朝的整体利益。

在这样的情势下，西太后慈禧同意了李鸿章等人的讲和举措，并且下令：只要在"无伤国体"的情况下，立即与法国讲和。

1885年4月4日，海关总税务司驻伦敦办事处的苏格兰人金登干代表清朝政府，与法国签订《巴黎停战协议》。这只是中法合议的初稿。1885年4月7日，心满意足的西太后正式下令：前线各军必须如期就地停战。但是，越南战场上的流血牺牲换来了一纸和议，中国军民都表现出极大的愤慨。

身在广东的彭玉麟闻讯后，"中夜以兴，绕帐傍徨，不能一刻稍安"。他立即致电总理衙门，要求"万万不可先行撤兵，中其狡谋"。在他的这一要求遭到拒绝后，他又向清廷上了《严备战事以弭后患折》。他在折中指出：清廷"待岛族过于优容，尤其是此次中法交兵，命将出师，劳兵靡饷，历时三载，而竟在布置已定，兵机渐利，天讨方张之际，被法国以一纸和约而误，使我堂堂中华任其玩弄股掌而毫不自觉"。他在给清廷上疏中指出：日本之吞并琉球，伊犁割让于俄国，主要原因在于中国步步退让，无心抗击。朝廷此次既与法国开仗，且连取胜仗，为何又要订立卖国丧权的条约？他沉痛呼号：议和虽满足了法国一时欲望，但"藩篱洞开，安有不乘机侵轶之理。若待至此而始悔失计，不亦晚乎"。他愤怒斥请求议和的李鸿章居心叵测——"请款者夫岂有爱于我而讲信修睦哉，其必有所图也明矣了"。

因此，他告诫清廷："切不可轻信法人。应赶紧添造大小铁甲战船以加强沿海防务，断不可一误再误"。彭玉麟的这一看法是当时许多有志之士的看法。法国打出议和的旗帜，只为掠夺利益。彭玉麟同时对清政府妥协误国行为进行了强烈的指责，甚至在自己的诗作中将李鸿章比作宋朝的秦桧：

岩廊忽用和戎策，绝域旋教罢战回。

不使黄龙成痛饮，古今一辙使人哀。

在这首诗中，彭玉麟为如今的清朝与宋朝有着同样妥协求和的结局，抱着巨大的愤懑和悲哀。对于同秦桧一样的李鸿章表现出无比的憎恶。但是，该发生的还是发生了。

1885年6月9日，李鸿章与法使在天津签订《中法会订越南条约》。通过这个协议的签订，法国侵略者终于达到了发动侵略战争的主要目的。法国不仅夺取了整个越南，而且打开了中国西南的门户，首次夺得了修建铁路的权利。

中法战争，就在这样一个昏庸而腐败的清朝指挥下，法国"不胜而胜"，清朝"不败而败"。

上疏善后

因为中法战争"不败而败"的结局，自己劝阻议和的上疏被搁置一旁，彭玉麟心中愤慨不已。身为主持两广军务的统领，彭玉麟在广东的两年内，身先士卒，可谓"鞠躬尽瘁"，主持包括防御、反击的一系列事宜。就在彭玉麟设下的好棋——四路大军取得了巨大的战果时，一纸和书让彭玉麟难以接受。经过再三上疏，最终还是无果。这让彭玉麟认识到了退军议和已成了不可改变的事实。

一面感慨清政府的卖国求和，一面憎恶心似秦桧的李鸿章卖国求荣，年迈的彭玉麟身心俱疲，只想站好最后的一岗——

停战撤兵。

这一结果让彭玉麟心有不甘，却又无可奈何。彭玉麟久不归家，越发想念宁静的家乡生活，又重提辞官请求。1885年5月12日，心灰意冷的彭玉麟上奏清廷：请开兵部尚书缺，专办粤防。请开兵部尚书缺之疏有云：

> 伏惟古者大司马之职，实司九伐，征讨不庭，今兹逆夷跳梁，驿骚海上，臣忝任斯职，既未能宣播天威，弭隐患于未作，复不能大伸挞伐，摧凶焰于已张。数载纷纭，迄无成绩。致使国家屈从和议，转借款局以为绥边御侮之方，是臣不能称其职矣。服官不职，理宜罢斥。……臣耄矣，无能为也。伏恳圣明鉴臣愚悃，饬开臣兵部尚书实缺，俾仍领一军，备防粤东，庶臣得循愚分，勉图寸效，而隐傲之负疚，寤寐借可稍宽，斯沉痛之余生，调治或期渐起。

在这篇奏稿中，彭玉麟将清廷议和的结局看成是自己的责任。因为连续几载并未在战争中取得成绩，致使国家屈从议和，未能做一个称职的兵部尚书。当然，这只是彭玉麟为开缺而写的托辞，实际情况并不是这样。为官数载的彭玉麟见识到官场的黑暗，只能用这种自损式的上疏请求清廷开缺。彭玉麟又心系粤防，在开缺之后，又言明愿意继续受命粤防事宜。这才是一个真正关心国家命运的大臣该做的事。

中法战争，是彭玉麟这一生最后一次上战场，也是最让他悔恨的一次战争。即使是和议撤兵，彭玉麟也想尽自己最后的努力做好海防事宜。

在从广东撤防前夕，彭玉麟根据自己督师广东的亲身经验，对加强海防的重要性较之以前有了进一步的认识。8月16日，彭玉麟向清廷上疏《海防善后事宜折》。这是彭玉麟用他在广东筹防中的经验和感悟，真心诚意为清廷上的奏折。

在《海防善后事宜折》中提出若干颇有远见的主张。第一，建议清廷购造大小铁甲舰，铁甲舰在海战中比其他类别船更有优势。通过铁甲舰加强水师的作战和应战能力，并辅以陆军严守各海口。这时彭玉麟已一改此前反对购买铁甲船的主张，认为铁甲船实为海防所必需。第二，预筹东三省边防和加强台湾防务。彭玉麟认为黑龙江与沙俄接壤，俄、日两国狼子野心昭然若揭，故不可不防。台湾的战略地位又是濒海各省之藩卫，如果台湾一失，卧榻之侧任他人酣睡，则东西两洋必无安枕之日。第三，学习外国技艺要讲求实效。他认为，西方列强坚船利炮，我欲求制胜之道，提出了"师其所长、去我所短"的自强思想。所谓"师其所长"，就是学习西方制造船炮的技艺，以及研究西方的国家制度，取其所长以为我用；所谓"去我所短"，就是变革清政府政治、经济、军事和意识形态等领域已经腐朽的、落后的东西。这一思想是彭玉麟在受到林则徐和魏源影响之后，加之中法战争的历练，彭玉麟自己总结的一条自强之路。第四，广筹饷糈①，因为法军一直觊觎我朝西南矿石，彭玉麟也深知其利润，为谋求军饷，他建议广开矿厂，或由官办，或招商，最终利润可充实国库，并且带动我朝经济发展，可谓是"一箭双雕"。

除此之外，彭玉麟还举荐曾纪泽主持海防事宜。因为彭玉麟一直不满卖国求荣的李鸿章的所作所为，更是不放心将海防一事交予他去办。彭玉麟为官数载，在朝野之中并未有太多信任的人。他思来想去，认为曾纪泽是可以属托的人。曾纪泽原本就是中法战争中主战派的代表，在处理中俄外交事务上很有一套手段，曾在应对俄国军事讹诈时，经过再三谈判收回了属于我国的一部分土地。彭玉麟还是相信曾纪泽的能力，将海防一事交予他也是心有所安。

中法战争，不仅给彭玉麟带来了几载"枕戈岁月"，而且给了彭玉麟新的对敌经验和自强思想。彭玉麟一心一意为国家出谋划策，但是，病入膏肓的清王朝却难以接受他送去的"苦口良药"。这才是真正值得悲哀的。

中法战争前，彭玉麟曾多次声称"深恶夷人，兼恶夷学"于洋务毫无所解，但时隔几年，却提出了与此前完全相反的见

---

① 饷糈：军粮给养。

解，这正是中法战争促使他开始注意了解外国事务的结果。有这样一个兢兢业业处理善后事宜的臣子，清廷却不知珍惜。彭玉麟这样一个"深入病灶"的折子，并没有被清王朝接受。

彭玉麟在中法战争的军务一事，就此结束，彭玉麟也经历了他人生的最后一次战争。

第六章　临终一笔

捐俸助学

清廷决定议和之后，心灰意冷的彭玉麟两次上疏请求开缺，但都没有被清廷应允。1885年10月12日，清廷驳回了彭玉麟开缺的请求。因中法战争两广军务的成功筹办，清廷赏衰病之体的彭玉麟病假三月，命其回籍安心调理，毋庸开缺并毋庸开巡阅长江水师差使。

这是彭玉麟生命里最后一个官职，彭玉麟因中法战争离家数载，坚守在前线，在得知清廷妥协议和之后，病体更加羸弱，同时他并未忘记家乡的宁静生活，希望在自己最后的日子能够做回布衣百姓。

但是，高龄的彭玉麟没有受到清廷体恤，命其回籍颐养天年，像往常一样，清廷还是以回籍养病为由，要求彭玉麟毋庸开缺。态度坚决的清廷并未给彭玉麟再次辞官的机会，彭玉麟见此状况，也并未再提开缺回籍一事。

又过了一年左右，回到祖籍的彭玉麟还是未忘开缺一事。光绪十二年（1886年）9月18日，彭玉麟上奏清廷，请开兵部尚书实缺并开除巡阅长江差使。这是彭玉麟第三次上疏请求开兵部尚书实缺并开除巡阅长江差使。光绪十三年（1887年）9月11日，彭玉麟上奏清廷，再次请开兵部尚书实缺并开除巡阅长江差使。这是彭玉麟第四次请求开缺。光绪十四年（1888年）7月19日，彭玉麟上奏清廷，请开兵部尚书实缺并开除巡阅长江差使。8月25日彭玉麟上奏清廷，谢开缺并暂免巡江差使。这样连续六次请求开缺。彭玉麟的执着终究让坚定的清廷松口了。

即使是在未被答应开缺之时，彭玉麟仍旧拖着疾病之躯尽心尽力地完成巡江任务。在彭玉麟病逝在退省庵的前一年，彭玉麟都劳碌在巡江路途中。这就是一个怀有赤子之心的老臣对国家最后的帮助。

除此之外，在生命即将结束之时，彭玉麟还坚守着曾经曾国藩请他出山时，立下的誓言——"愿以寒士始，愿以寒士终"。他为官的数年，也一直践行着这样的诺言。早在创建湘军水师时，彭玉麟想出了卖盐筹饷的计策。这样一条计策不仅给缺饷的湘军提供了足够的军费，彭玉麟还将其余的收入用作帮助其他各省军费、本县教育费用。彭玉麟从未想过中饱私囊。在广东筹防时期，彭玉麟实地考察之后，见海军防御设备落后，便与张树声亲自出资，并促使各方募款购买了一批洋枪、洋船，吩咐钦州、廉州两地兵勇操习洋枪，提高了军队的战斗力。

这些都是彭玉麟在从戎岁月中帮助国家所做的。除此之外，在中法战争结束之后的光绪十二年（1886年），彭玉麟捐俸银一万二千两，建船山书院。因为求学于衡阳，但年少的彭玉麟并未在书院坚持求学，自知书院对于教育的重要性，彭玉麟便资源出资在家乡衡阳建设船山学院。彭玉麟自知病重，命不久矣，愿意将自己的钱财帮助更多的学生为国效力。其赤子之心由此可见。

彭玉麟给写给同僚郭嵩焘的信明确地交代了这一事宜。在写这封信时，彭玉麟身在广东筹防，未能亲身督办、修建船山学院，他深感遗憾，但心系船山修建事宜。"客秋弟归，三思若不兴修此书院，无颜以对先贤船山先生，且无以对朱、陶二学使，故勉效力倡修，择东洲飞浪胜迹之处河地。"字里行间，彭玉麟身为衡阳人将修建船山学院作为己任，从不推脱。他不愿让先贤失望，更不愿让致力于修建船山学院的两位学使失望。

身在广东筹防，结局未料，彭玉麟放心不下关乎莘莘学子的船山学院修建事宜。彭玉麟身不能至，但心系之。他只能以自己的力量请求可靠之人，帮助代办此事。"更不料弟单骑入粤后，鹤庄观察亦因告遂，将此事置诸高阁，实吾衡士林不幸，亦弟之不幸矣。谚云'是非只为多开口，烦恼皆因强出头'也。今一茎老骨，远戍海滨，军务已成持久之局。一丝残喘，草露秋霜，未见能生还湘衡，维持此书院规模"。即使前途未明，彭玉麟还是力求能够将船山学院事宜处理好，在写给好友的信中，他将心里的担忧表达出来。

除此之外，他的期望在信中也真切地体现出来："惟期马智泉监工结实，为此船山书院作万世不朽之基，幸甚幸甚！云谷大公祖若慨允，妥定此书院善后良模，使吾衡士林后之学者理学昌明，人才蔚起，则造福无量、颂德无量。"

彭玉麟在生命的最后阶段，仍旧不忘为国家的教育事业做出力所能及的贡献。即使身处战场，仍旧心系修建书院事宜。这样的行为是真正该为华夏子孙所赞扬的行为。这也是彭玉麟在临终给予他人生最后的一笔。

病逝退省

自中法战争结束之后，彭玉麟一直对于这个结果心怀愤慨，加之多年的水师生涯，让原本就伤病缠身的彭玉麟日渐病重。彭玉麟数次请求开缺未允，数年的巡江事宜更让这样一个老臣车马劳顿，难以安心养病。

光绪十六年（1890年）4月24日，彭玉麟病逝于衡州退省庵，享年75岁。退省庵——这个彭玉麟所建表明心志的草庐，也恰巧成了彭玉麟这一生最后的居所。

前半生一直处于困窘之中的彭玉麟，而立之年才遇到了真正赏识他的曾国藩，带领他走上了人生的巅峰，却也让他成为了颇有非议的清廷刽子手。这一身份并不是胸怀大志的他想要的，但他却必须承受。自此之后，数次辞官回籍被拒，清廷一直将他安置在处理水军事宜的第一顺位，他不可抵抗，却也实是为民做了许多好事。"彭青天"的称号也是百姓们真心实意赋予他的，这却也并不是彭玉麟这一生最后的功绩。直到花甲之年，时局动荡，外敌入侵，自知体弱多病，却并未虑及其他，闲居在家只管巡江事宜的他却愤然而起，前往前线为国作战。一去数载，精心筹备，已见战果，一纸和议却又将万事打回原形。苦心上疏以明事理，但未有成效，心灰意冷的他将自己最后的治国良策交予清廷，病入膏肓的清廷却未加重视，开缺数次未允，只能在病重之中坚持巡江，直至生命终结，可谓是有始有终。

在彭玉麟逝世之后，清廷失去了一位优秀统帅，百姓也失去了一位真心爱民的好臣子。1890年5月21日，得知彭玉麟死讯的清廷上谕：

前兵部尚书彭玉麟，忠清亮直，卓著勋勤。以诸生从戎，转战东南各省，所向有功。会同原任大学士曾国藩，创立长江水师，筹画精详，规模悉备。

历受先朝知遇，由知府洊擢封圻，内陟卿贰。迨粤匪荡平，蒙穆宗毅皇帝眷念勋劳，赏给一等轻车都尉世职，并加太子少保衔。朕御极后，擢任兵部尚书。嗣因病叠次陈请开缺，降旨允准，仍派巡阅长江水师。十余年来，力疾从公，不辞劳怨，复因病势增剧，请开差使，当经宽予假期，并准其回籍养病，颁赏人薓。方冀调理就痊，长资倚畀，兹闻溘逝，悼惜殊深。

彭玉麟著追赠太子太保衔，照尚书例赐恤。任内一切处分，悉予开复。应得恤典该衙门查例具奏，加恩予谥，并于立功省分，建立专祠。其生平战功事迹，宣付国史馆立传。伊孙候选员外郎彭见绅，著以郎中选用。彭见绶、彭见绰，均著由吏部带领引见，用示笃念荩臣至意。

彭玉麟一生为清廷可谓是"鞠躬尽瘁，死而后已"。在他死后，清廷用这三段的谕旨总结了彭玉麟的一生，仅仅用"兹闻溘逝，悼惜殊深"这两句表示对这样一位衷心老臣溘然长逝的感受，真是彭玉麟的悲哀。但至少，彭玉麟还是实现了他这一腔的抱负。

俞樾[1]先生曾为其挽联：

勋业在天下，声名在柱下，我怀姻娅私情，只论退

---

[1] 俞樾：清末著名学者、文学家、经学家、古文字学家、书法家。现代诗人俞平伯的曾祖父，章太炎、吴昌硕的老师。清道光三十年（1850年）进士，曾任翰林院编修。他的学问博大精深，著作五百余卷。

省庵中，历历心头廿年事

哭别于九月，闻讣于三月，公已支离病榻，犹有吟香馆内，匆匆口授数行书

字里行间，可见俞樾先生对彭玉麟辞世感到的悲痛之情。本就赞叹彭玉麟生前为国之所为，加之心中英雄相惜的情感作祟，更是悲由心生。

除却俞樾，与彭玉麟在广东筹防时结下不解之缘的张之洞也为彭玉麟挽联：

五年前瘴海同袍，艰危竟莫重溟浪；

二千里长江如镜，扫荡难忘百战人。

似是当年筹防之景还在眼前，张之洞深感身为病笃老臣还要为国效力之信念，一望长江睹物思人，也难忘大半生致力于其中的彭玉麟，可谓是情义真切。

彭玉麟的病逝，不禁让许多有志之士唏嘘感叹。百姓自此失去了一位请命大臣，一位保卫家园的将领。随着资本主义在华夏神州上的不断渗透，百姓生活举步维艰，清王朝的懦弱和昏庸终将会走向灭亡。新的辉煌还在等着华夏子孙去开创！

后记

最初，喜欢彭玉麟是因为"无补时艰深愧我，一腔心事托梅花"这联诗。一个被称为"雪帅"的将军能有爱梅之嗜好，用情至深，一直深深吸引我去了解这个人。

在写作过程中，我不断寻找资料了解彭玉麟这个人。从《清史稿》到《彭刚直公奏稿》《彭刚直公诗集》，从曾国藩到李鸿章，从湘军水师到中法战争，一点点了解下来，越发觉得此人有过人之处，无意中便亲近不少。

回顾彭玉麟的一生，自是感慨他年少丧父，饱尝生活之艰辛。更是为他这样一个文弱书生亲临战场感到惊奇。自太平天国始，书生命运就此结束，鲜血和杀戮充斥了他的人生。我不禁为他身为这样一个"刽子手"感到悲哀和惋惜。但是，彭玉麟晚年挺身而出，为民族而战再一次触动了我。将生死置之度外，他也成就了自己。命运的选择并不是我们这些后人能左右的，但出自书生手的杀戮总是让人无法适从。

人世繁华，又何必庸人自扰？彭玉麟最终病逝在自建的草庐"退省庵"，这样一位赤子衷心的老臣，就这样孤苦一生，直至生命终结。细细品味王闿运先生为彭玉麟所作挽联"诗酒自名家，看勋业烂然，长增画苑梅花色；楼船又横海，叹英雄至矣，忍说江南血战功"，似乎这样一位功勋卓绝的重臣，为国做到如此境地，最后的结局却让人有一种"鸟尽弓藏"之痛。有时在思索：若是彭玉麟生在盛世繁华的大唐，会不会有这样的结局呢？但是，人生没有那么多的如果，时势造英雄，那个时代的彭玉麟才是最真实的彭玉麟！又何必去假想呢？

无论是百姓心目中的刽子手，还是百姓生活中的"彭青天"，都是彭玉麟生命中不可缺少的色彩，我们总该去试着接受。关于彭玉麟的功过得失，或许每个人都有不同的看法。但是，斯人已逝，还是由悠长岁月来说清道明吧！清王朝在那样的时节遇上了彭玉麟实是有幸，但已经太过腐朽的王朝还是经历不起过多的波折，彭玉麟太多的想法都不能付诸实践。这是清王朝的不幸，也是彭玉麟的不幸。但这是清王朝的命运，也是历史发展的走向。

在写作的过程中，总是在那一页页的历史资料中，过多感受到属于那个时代的绝望，不免生出叹息。有时也想，是不是身在那个时代的彭玉麟也是身不由己？这些我们无从得知，只是希望借这篇传记，告慰这样一位豪杰在天之灵吧，也希望他的事迹能广为人知，至少他人生的辉煌不会随着历史的洪流慢慢逝去！通过这篇小传，我们也看到，我们的民族正是因为有了像彭玉麟这类敢于担当的忠勇之士，为我们民族注入了爱国、担当的人格基因，才有今天的延续和发展。

铭记他们！向他们致敬！

彭玉麟年谱

1817年　出生

1月30日，彭玉麟生于安徽省安庆府怀宁县三桥镇，父亲彭鸣九，母亲王氏。

1821年　5岁

父亲彭鸣九调任安徽省庐州府合肥县梁园镇巡检司，彭玉麟随父母至合肥。

1832年　16岁

春，因祖母去世，彭玉麟全家回到祖籍衡阳县渣江镇。

1833年　17岁

彭玉麟在石鼓书院读书。

4月29日，父亲彭鸣九因田产事被亲戚欺骗，气急病发，不久后病故，家道中落。

为了养家，彭玉麟中断在石鼓书院的学业，在衡州协标营做司书小吏，挑起养家重任。在工作中，他得到了衡州知府高人鉴的赏识，得以进官署读书。

1845　29岁
彭玉麟与夫人邹氏完婚。

1850年　34岁
彭玉麟跟随大军，镇压李沅发起义，他以卓越的胆识和踏实的办事作风，被封为训导，赏蓝翎。彭玉麟以母老无人奉养为由，辞去官职，回家奉养母亲。后应富商杨子春的邀请，到耒阳帮其为其打理商铺。

1852　36岁
9月29日，彭玉麟母亲病逝。

1853年　37岁
冬，彭玉麟受曾国藩之邀，加入湘军水师，分统一营水师，开始了在长江风涛中往来作战的戎马生涯。

1854年　38岁

湘军水师正式成立。

4月底，彭玉麟、杨载福等率水师五营在湘潭大败太平军水营，湘潭之战以湘军完胜而告终。这是湘军出师以来的首次告捷。

7月，彭玉麟分统湘军左营水师，参加围攻岳州之战，右肘中弹，血染襟袖，仍裹创力战，被誉为"勇略之冠"。

8月，彭玉麟与杨载福同时继任湘军水师统领，担负起重整水师、指挥作战的重任。

11~12月，彭玉麟率军在田家镇与太平军激战。

1855年　39岁

8月24日，彭玉麟、胡林翼率部水陆齐进，攻打蔡甸，太平军退出蔡甸。

9月5日，湘军水师拟还沌口，途中遭遇太平军炮击，彭玉麟遇险，幸得部下搭救。

12月，彭玉麟因伤回衡州原籍养病。后因曾国藩多次催促，彭玉麟伪装成游学乞食者，敝衣徒步七百里到达南昌，奉曾国藩之命统领内湖水师。

1856年　40岁

由于太平军战略调整，彭玉麟驻守的江西没有大规模战事。

1857年　41岁

10月25日，湖口战役打响。彭玉麟率湘军内湖水师分三队依次冲突出湖，与外江水师时隔两年半后，重新会合。

1858年　42岁

5月19日，彭玉麟与杨载福率湘军水师配合李续宾部湘军陆师，攻克九江府城。

1860年　44岁

6月21日，彭玉麟、杨载福率湘军水师，督韦志俊部陆师，攻克安庆外围重镇枞阳。

1861年　45岁

3月28日，彭玉麟抵达下巴河，调度水师，阻止太平天国陈玉成部渡江南下。

11月26日，彭玉麟辞去安徽巡抚一职。

1862年　46岁

1月6日、16日，彭玉麟两次辞去安徽巡抚一职。

5月30日，彭玉麟率湘军水师，进抵江宁护城河口。

1863年　47岁

6月，彭玉麟、杨岳斌率领湘军水师攻克天险九洑洲。

11月，彭玉麟、鲍超率部水陆齐进，攻陷江苏多县，太平天国首都天京的所有物资补给线全部被切断。

1864　48岁

7月19日，天京被湘军攻破。彭玉麟也受到清廷加官晋爵的奖励，他多次辞官不受。

1868年　52岁

彭玉麟会同曾国藩拟定从荆州至崇明的长江水师营制，将湘军水师改成清政府的经制兵。

8月27日　清廷准许彭玉麟开缺回籍，补行守制。

9月8日，彭玉麟奉命赴江、皖地方，扼要驻扎，兼以养病。

彭玉麟被任命为首任长江巡阅使，职在巡阅长江水师各部并案明缺漏，上疏朝廷。

1869年　53岁

春天，彭玉麟回到衡阳家乡，盖了草房，布衣青鞋，经常到母亲墓前凭吊。

1872年　56岁

彭玉麟开始巡阅长江的工作。在此后的十六年内，彭玉麟每年检阅长江水师，他帮助百姓整治贪官恶霸，肃清海军中的不良风气，致使长江流域军民一片和谐。为方便工作，他在杭州西湖边上盖了一座房子，叫做退省庵，表达了无意功名利禄的情怀。之后，他又先后辞谢了两江总督和兵部尚书的高官。

1880年　64岁

为应对沙俄的军事讹诈，4月24日，巡江途中的彭玉麟遵旨整顿长江水师，布置江防。9月30日，彭玉麟偕同长江水师提督李成谋乘轮船由江阴出海，驶抵吴淞，加紧操练水师，加强防卫。

1883年　67岁

中法战争爆发，年事已高的彭玉麟，应命募兵赴广东备战。他不顾年高体弱，立即募兵4000人开赴虎门附近驻守，并派部将率兵分驻广东沿海要地。

1884年　68岁

5月22日，彭玉麟上奏清廷《力阻和议片》，力阻与法国和议。

冬，彭玉麟为郑观应的《盛世危言》作序。

1885年　69岁

3月，张之洞与彭玉麟在一番考虑之后，决定起用老将冯子材，分东西两路、派四支军队入越作战。

彭玉麟多次上书朝廷劝阻议和，但都没被采纳。

中法战争结束，彭玉麟无奈奉命撤兵，但他仍关心海防建设，向清廷《海防善后事宜折》，提出诸多中肯建议。

1886年　70岁

彭玉麟捐俸银一万二千两，修建船山书院。

1890年　74岁

4月24日，彭玉麟病逝于衡州退省庵。